寧波歷史文獻叢書

徐時棟集

【二】

寧波市人民政府地方志辦公室　整理

寧波出版社

煙嶼樓讀書志

清內閣中書舍人徐先生墓表

同治十二年十一月八日柳泉徐先生卒年六十其友董沛流涕言曰自謝山太史歿吾鄉之學統幾絕先生以經術文章主盟壇坫後進高材生咸北面稱弟子四方知名之彥以事之四明者皆願望見顏色出所業相證問而不佞遊處三十年時以一得之愚請益於先生而先生時啓發之歸乎一老東南人才所視爲標準者也今而後吾黨之士其誰與爲質耶先生名時棟字定宇一字同叔學者稱柳泉先生其先出偃王在太末者爲大宗唐光化閒自衢遷台宋南渡後自台遷明遂爲鄞縣人曾祖嘉獎卜宅月湖之西祖廷芳貤贈奉直大夫父桂林由武生授營千總詔旌義行贈奉直大夫母李氏贈宜人陳氏封太宜人先生爲義行第三子陳出也姿性通敏委己於學成諸生充道光癸卯優貢旋中丙午

舉人以輸饟授內閣中書自其少時有志著述兩上春官卽家居不復出湖西烟嶼樓藏四部書六萬卷盡發而讀之丹黃雜下徹夜不倦對湖居人恆以五鼓望先生燈火候晨旦燈滅俄頃而天明矣洎遷城西遭兵火之厄圖籍俱盡乃營新宅購藏如其舊寢息於中老而彌篤窮年兀兀著書數百卷余屢館其家恆出其篋笥之帙而相與討論之故知先生之學者莫余若也先生覃思精詣治經有心得不傍漢不徇宋常主先秦之書以平衆難故不蹈近人墨守之弊尙書湯誓有二一爲伐桀見於今文一爲禱旱錯見於古書梅氏竊取古書以綴湯誥而禱旱之誓湮矣先生正之則有逸湯誓考太誓亡於秦火河內女子所獻亦僞書也近代崇漢學據以爲眞先生非之則有三太誓考言詩音者始自陳第亭林輩繼之往往以漢魏之韻强合古音先生以詩證詩分爲七部

而周人之韻著焉則有詩音通避寇建隩閉戶說詩以裳裳爲告密以葛生爲悼亡以猗嗟爲誇壻以賚般爲祭太山之詩以下武爲美成王之作其他箋釋雜引諸經解之則有山中學詩記讀充宗之書而嫌其疏也則有春秋規萬讀西河之書而斥其妄也則有舜典補亡駁義四書毛說駁正又嘗補朱輯之逸經校畢刻之呂覽以暨羣經國語皆有論著此則先生羽翼經傳之功也四明舊志宋元凡六家先生購而刋之其考異也曰札記其補闕也曰佚文其述諸家之傳也曰作者其摭前人之議論也曰雜錄而山經鄉志之屬以其目附焉曰餘考爲宋儒袁正獻公請從祀創四明未有之舉詳其本末曰事實錄考其系代曰世譜略舒氏子孫刋文靖遺集屬先生審定之先生參核羣書以糾近刻宋元學案之謬曰新校廣平學案邇年修縣志當事請先生主之商搉凡例

仿史館列傳之體徵引文句各注本書所採踰千種建議爲貞烈節孝請旌一邑至千餘人而擇其尤著者人自爲傳以列之新志搜訪鄉先正詩文上自漢唐以迄於元踵諸家耆舊之集而益所未備凡數十册此則先生表章文獻之力也他所撰述若假王志若北宋譜疏證若家傳若言行記思舊記皆徐氏一家之書亦精確可傳後者先生論文漢以司馬氏爲宗而參以劉向唐以韓氏爲宗而參以柳宗元故所作宏深雅健奄有衆長詩則浩浩直達無門戶之習樂府法漢魏詞近蘇辛其餘事也詩集十八卷已梓行文集四十卷以命其甥葛祥熊刻之我朝二百餘年經術如惠定宇江慎修王伯申文章如姜西溟惲子居姚姬傳皆元明以來所不易見然而兼是二者自望溪皋聞而外亦無多焉望溪研究義理而不甚長於考證皋聞則申明漢儒猶是專門守己之學其

文章雖無愧正宗而經術則各據一是也先生之文章中立乎方張之間蓋庶幾矣至其沈潛遺經援據古訓本漢經師之家法而於宋代講學諸儒亦闡發不遺餘力信乎其爲通儒也前娶朱氏同縣人道光二十六年十月三日卒年三十三再娶葉氏慈谿人咸豐十年十二月五日卒年三十五先生甫四十立仲兄子隆壽爲後以佐振議敘九品銜後納妾鮑氏奉化人生子隆籌尚幼女四長嫁舒懋敬次嫁吏部主事凌忠鎮三字吳世栗四未字孫三人正塘正堤正坫孫女二人先生卒之明年隆壽以四月朔日葬先生於縣西南王杜隩陳徵士勱爲之誌又明年乃請表墓嗚呼三十年來先生之益我多矣余幸得稍知古今而不以荒陋自畫者先生之力也先生臨歿猶嗚咽執余手鄭重以遺文相屬今而後四明之學統其誰繼之耶不腆之文以表先生余非徒哭其私

也已光緒元年四月同縣董沛表

煙嶼樓讀書志目錄

先大父筆記非先大父手定本也大父歿後先府君傾貲刻
其遺箸復裒輯賸墨凡書隙紙尾零篇斷句手抄成帙名曰

烟嶼樓筆記請吾師陳詠橋董覺軒兩先生審定藏之篋衍今去府君歿二十又七年先大父系下方來爲長及今不編訂成書恐遂散佚以滋辠戾乃取原稿重抄一過屬吾友慈溪馮孟顓貞羣校閲孟顓讀書精審於凡徵引必取原書校定其可類分者釐爲讀書志十六卷審愼別擇編爲定本昔吾大父跋閻徵君潛邱劄記嘗謂其所錄各條皆漫無斷制發揮者又往往爲當日摘出備用之語爲日既久雖百詩亦茫然不知摘此何爲者而子孫乃刻以問世可謂不愛其先人云云又今所編讀書志孟子志中有云若言事錯誤子孫可以正其祖父弟子可以正其先師謹本斯旨爲删節若干條修正若干條與孟顓商搉既定重念先大父讀書之勤與府君裒錄之苦心是用付之排印以永其傳非敢戾先志以

問世也既成遂識其原委如此戊辰清明節第二孫男徐方
來謹識

煙嶼樓讀書志卷第一

鄞　徐時棟　同叔

經一

書

堯典首稱曰若稽古帝堯其下皆稱帝曰至四岳薦舜曰虞舜以後其稱堯者爲帝稱舜者爲舜格汝舜舜讓于德舜格于文祖直至堯崩載舜命詞始稱帝曰而猶恐後人疑爲追述帝堯之辭故於第一帝咨四岳之詞仍稱舜曰其後連用十七帝曰至末處叙舜生平則復稱舜以其堯典中記舜事不得不爾也今自愼徽以下割爲舜典上冠以曰若稽古帝舜云云然則烈風雷雨弗迷之下所稱帝曰卽帝舜乎此理極平常而割裂經文

者茫然不察也上云曰若稽古帝舜既以舜爲帝矣下即接以協于帝此帝字忽復指堯從古至今有此書法乎皋陶謨益稷皆稱舜爲帝豈有舜典中反稱舜者禹貢首稱禹敷土末稱禹執玄圭以是時禹爲舜臣故不稱王甘誓湯誓以至周書諸誓誥皆稱王曰未有他例商人最質然盤庚三篇惟叙事稱盤庚而述誥詞則必稱王若曰高宗肜日篇首既稱高宗下即云乃訓于王曰金縢合叙武成二王事其前之王有疾爲王穆卜王其罔害王翼日乃瘳皆武王也其後之爲詩以貽王王亦未敢誚公王與大夫二公及王王執書以泣王出郊皆成王也蓋中閒有武王既喪不利孺子等語紀載已明不至疑成爲武也顧命合叙成康二王事其前之王不懌王乃洮頮水王曰王崩皆成王也其後之王麻冕黼裳御王册命王再拜興王三宿王答

拜王答拜王出在應門之內王義嗣德王若曰王釋冕皆康王也蓋中閒有乙丑王崩逆子釗于南門等語紀載已明不至疑康爲成也若堯典一篇叙二帝事中閒帝乃殂落舜格文祖等語亦既紀載明白凡舜命詞可以稱帝曰矣而史臣則以爲是堯典中叙舜事也惟恐後人疑所稱帝曰爲追叙帝堯之詞故大書特書於第一次命詞著舜曰二字至篇末總叙生平在十七稱帝曰之後可以稱帝生三十矣而史臣則以爲堯典中叙舜事也惟恐後人疑所紀三十等語爲總叙帝堯之事故大書特書於生三十上著一舜字其詳慎如此其明白如此而妄人者乃割愼徽五典以下爲舜典或割帝曰格汝舜以下爲舜典或割正月上日以下爲舜典或割月正元日以下爲舜典其尤妄者造爲舜典存後半而亡前半之說於是取月正元日以下

爲舜典下半而居然抄史記舜紀文爲舜典補前半之亡號曰舜典補亡刊刻行世夫紀唐事於虞書述舜事於堯典合兩朝爲一朝曲體兩聖人授受天下之苦心幷爲一典以成空前絕後之書此等識見固非庸妄鉅子所能知者即以史法論之既已爲舜典矣舜既帝矣而乃於稱帝之中一稱舜格再稱舜曰三稱舜生天下有如是背謬之史例乎哉若謂上古之世風氣淳樸史臣質實故雖三稱舜而不以爲非然則堯典何以自首句紀實外通篇稱帝而不稱堯臯陶謨益稷中何以通篇稱帝而不稱舜吾嘗謂割堯典下半當舜典者倘其能改三舜字爲三帝字卽許之補亡若幷此不知是非特無知妄作抑亦不識字矣古今史事風氣雖異而其例則一金縢顧命紀事之史也但須叙述明白前後王皆稱王可也正如後世紀事文中及兩

朝者曰洪武朝帝何爲何事永樂朝帝何言何語至於紀人之史後世之本紀也漢高祖紀中必稱後帝爲孝惠唐高祖紀中必稱後帝爲太宗正是堯典中稱舜之例也

毛大可奇齡以堯典之月正元日以後爲舜典下半自以爲讀書得閒顯然左證者有曰春秋戰國閒諸書引經凡稱堯典者祇在愼徽五典以後放勳殂落以前如孟子堯典曰二十有八載放勳乃殂落類而在月正元日後則並無一語稱堯典者此則眞舜典矣云云余謂此妄語也假令古人引月正元日以後經文有稱舜典者則其說尚可通今並無有何得以爲據耶說文心部引五品不遜遜作愻而稱唐書此四字非在月正元日後耶而曰唐書唐書非堯典耶許氏書用孔氏不妄言也 堯典或稱帝典或謂之虞夏書或謂之虞書或謂之唐書但未有稱

舜典者舜典別有一書亡之久矣何得與堯典混乎說文禾部引稘三百有六旬與心部同稱唐書而辵部引旁逑孱功人部引方鳩僝功皆稱虞書

尚書紀帝王生卒未有詳盡如舜者詳盡如此而後人猶紛紛妄說眞是怪事其最著者莫如史記帝王世紀史記謂舜年二十以孝聞三十而帝堯問可用者旣舉舜而舜復耕漁一年成聚二年成邑三年成都又云舜得舉用事二十年而堯使攝政攝政八年而堯崩三年喪畢讓丹朱又云舜年五十攝行天子事年五十八堯崩年六十一代堯踐帝位踐帝位三十九年南巡狩崩于蒼梧之野世紀謂舜以堯之二十一年甲子生五十一年甲午徵用七十九歲史記集解引此歲亦作年吾以意改正此謂舜生年與上二句說堯在位之年年字不同壬午即眞百歲癸卯南征崩于鳴條其紀堯謂甲午徵舜

甲寅舜代行天子事辛巳崩皆與堯典顯然背謬近有李鍇者
竊繹史作尙史以史記世紀合之尙書作舜本紀其敘舜年含
堯典此語而取世紀是又失之眉睫者矣今本堯典作舜年表
而以史記及世紀附爲白文後以意討論經文而不及遷謐經
正斯無邪慝固不必更與之相詰辨也

舜年表

舜生
二
三
四
五
六
七
八
九
十

十一
十二
十三
十四
十五
十六
十七
十八
十九
二十　史以孝聞

二十一
二十二
二十三
二十四
二十五
二十六
二十七
二十八
二十九
三十徵庸釐降二女慎徽五典

三十一　史一年成聚　紀舜徵用
三十二詢事考言三載　史二年成邑
三十三正月上日受終於文祖　史三年成都
三十四
三十五
三十六
三十七
三十八
三十九
四十

四十一
四十二
四十三
四十四
四十五
四十六
四十七
四十八
四十九
五十　史攝行天子事

五十一 紀舜代行天子事	五十二	五十三	五十四	五十五	五十六	五十七	五十八 史堯崩	五十九	六十 二十有八載帝乃殂落三十在位
六十一 月正元日舜格於文祖 史讓丹朱代踐[illegible]位	六十二 三載四海遏密八音	六十三	六十四	六十五	六十六	六十七	六十八	六十九	七十
七十一	七十二	七十三	七十四	七十五	七十六	七十七	七十八 紀堯崩	七十九 紀[illegible]即[illegible]	八十
八十一	八十二	八十三	八十四	八十五	八十六	八十七	八十八	八十九	九十
九十一	九十二	九十三	九十四	九十五	九十六	九十七	九十八	九十九 史南巡狩崩於蒼梧	一百 紀南征崩鳴條
百一	百二	百三	百四	百五	百六	百七	百八	百九	百十 五十載陟方乃死

舜生三十徵庸舜生三十歲被徵而登庸也師錫帝曰有鰥在下徵也帝曰我其試哉女于時庸也試者用也即徵庸之庸集傳解作姑試故以降二女爲堯將試舜則豈有降女試人之理耶於是而舜在朝矣愼徽五典諸事皆自此年始　帝曰格汝舜詢事考言乃言厎可績三載自徵庸至此凡三載也是歲舜年三十二矣　正月上日受終于文祖格汝舜之明年也是歲舜年三十三矣　二十有八載帝乃殂落自受終至此二十有八載也是歲舜年六十矣　三十在位徵庸以後又三十年也正謂舜六十歲事舜三十二歲堯曰汝陟帝位命之即位也舜讓于德弗嗣不敢即位也三十三歲受終于文祖雖不在天子位而實行天子事孟子所謂堯老而舜攝也至此而堯崩矣天下不可一日無君受終已二十八載矣亦不容更有他讓其行即

位禮雖在明年而即帝位實在此歲故曰三十在位也　月正
元日舜格于文祖帝殂落之明年也是歲舜年六十一矣僞孔
以格文祖謂在服堯喪三年畢後此誤解上文三載四海遏密
八音及誤據孟子三年喪畢之文也夫三年云云者終言之也
非以月正元日謂在此三年後也若孟子云云則戰國時傳聞
之說非實事也且如孟子言三年喪畢後尚有避南河之南事
又必待朝覲訟獄謳歌者無不歸舜其閒不知幾經歲月而後
至中國踐天子位焉得於喪畢後月正元日遽格文祖乎前儒
據春秋國君皆以遭喪之明年正月即位改元以駁僞孔然此
猶後世之制也經文明云三十徵庸三十在位是徵庸之年至
在位之年首尾三十一年也而詢事考言三載合之二十八載
堯崩確是三十一年鐵據如此又何疑乎　三載四海遏密八

音此史臣紀堯崩而終言之謂殂落之時百姓如喪考妣三載之中四海遏密八音其死也哀天下之哀堯如此堯典合紀二帝此上紀堯事故終言堯崩此下紀舜事故篇末終言舜生死語詳余舜典補亡駁義中毛大可駁朱子舜年百有十歲之語謂尙有服堯喪三年未數舜年一百十三歲夫統紀舜自生至死至於詳盡如此豈有舍其服堯喪三年不叙之理若服喪之年例不叙入則君父一也尙有服瞽叟喪三年服母喪三年合之服堯喪三年舜年一百十九歲矣然則此三載實終言之舜格文祖之明年也是歲舜年六十二矣　五十載陟方乃死自格文祖至此五十載也是歲舜年百十矣

古人著書謹愼後人讀書荒略盤庚三篇第二篇云盤庚乃登進厥民曰明聽朕言云云第三篇云盤庚既遷奠厥攸居乃正厥

位綏爰有衆曰無戲怠云云皆無王若曰字以叙次明白不至疑爲他人語也而第一篇獨著王若曰三字于王命衆悉至于庭之下例以後二篇即無王若二字亦斷然是盤庚語若謂史臣尊君故於首篇特著此三字則何不著之於篇首出矢言之下而乃述其誥辭已百言忽復憶及之乎況上云王命衆悉至于庭明著王字亦旣尊之矣何必復加王若二字余嘗反復其詞始恍然大悟蓋出矢言以下之曰字是當時不肯遷之大家世族之言也自我王來至底綏四方並是其語故其下特復稱盤庚云盤庚斆于民由乃在位云云在位者卽是大家世族倡民爲浮言者也蓋盤庚旣聞此言乃召而訓誥之故曰王命衆悉至于庭而恐在位之言與盤庚之言相混乃特加王若曰三字以別之其謹愼如此而後人不知也

于今五邦孔傳謂湯遷亳仲丁遷囂河亶甲居相祖乙居耿今將遷殷爲五遷前儒謂五遷俱指先王言不得以遷殷漫入數內故鄭康成王肅皆云湯自商往亳爲二遷毛大可曰此强求五遷不得而故析一以合之夫商亳本一地湯自南亳徙西亳祇一徙也安得以始居爲一徙乎余謂大可喋喋譏人而已亦不見經文夫經言五邦不言五遷經中五邦與序中五遷雖同是五數而義則迥別經曰不常厥邑于今五邦曰邑曰邦則商一也亳二也囂三也相四也耿五也何不可者始居不得謂之徙豈不得謂之邦乎歷數邦邑可舍始居之地乎鄭義甚精毛爲妄訾

煙嶼樓讀書志卷第一

著雍涒灘之歲孟秋
月鄞徐氏蘧學齋印

煙嶼樓讀書志卷第二

鄞 徐時棟 同叔

經二

書

墨子兼愛中篇曰昔者武王將事泰山隧傳曰泰山有道曾孫周王有事大事既獲仁人尙作以祗商夏蠻夷醜貉雖有周親不若仁人萬方有罪維予一人論語曰周有大賚善人是富雖有周親不如仁人百姓有過在予一人與墨子所引同一出處也下四句皆連文其所出之書亦必連文可知也而僞書於中閒橫加天視自我民視二語已大無理而又於在予一人句下加今朕必往則妄之極矣夫既罪在予一人而又曰必往將安往

乎將往而伐予一人乎禮記引泰誓曰予克紂云云以不勝歸罪於己其意甚明白也今無故而歸罪於己而又將誰伐乎然則武之歸罪於己何哉曰此必非伐紂之誓也墨子明言之矣蓋告泰山隧之辭也其所以告者論語言之矣蓋因大賚而告泰山者也其所以大賚則因紂行虐政之後民不聊生武既得天下收窮民而大賚之而因告諸神祇也其歸罪於己者欲神之加福於百姓猶湯禱旱而曰萬方有罪罪在朕躬也此其義甚明白而豈伐紂之誓乎且論語不言所出而墨子稱傳墨子引書甚多有稱篇名者有云先王之書者有稱某朝書者或稱傳曰則上必冠爲先王之書從無引尚書而單稱爲傳者試臚舉之故夏書曰七患殷書曰又故周書曰又聖王之道先王之書距年之言也傳曰尚賢中湯誓曰又先王之書呂刑道之曰又

于先王之書呂刑之書然王曰（尚賢下）于先王之書豎年之言然曰又是以先王之書呂刑之道曰（尚同下）是以先王之書術令之道曰又是以先王之書相年之道曰又于先王之書泰誓之言然曰（尚同下）泰誓曰（兼愛下）且不惟泰誓爲然禹誓亦猶是也又且不惟禹誓爲然雖湯說卽亦猶是也又先王之書馴天明不解之道也曰（天志中）泰誓之道之曰又商書曰（明鬼下）夏書禹誓曰又于古曰又（此亦似引書詞古者蓋稱其篇疑有脫文）且禽艾之道之曰又先王之書湯之官刑有之曰（非樂上）于武觀曰又于仲虺之告曰（非命上）于泰誓曰又于先王之書仲虺之告曰（非命中）先王之書泰誓之言然曰又有于三代不國有之曰又于召公之執命于然曰又禹之總德有之曰（非命下）仲虺之告曰又泰誓之言也于去發曰又故先王之書子亦有之曰（公孟子亦二字當誤篇名也）歷歷如此而引雖有周

親之尙書且同是尙書中之泰誓而獨曰昔者武王將事泰山隧傳曰云云其非書詞亦明甚矣且此引見兼愛篇而兼愛篇固嘗引泰誓矣一篇之中引此則稱傳引彼則曰泰誓尤事理所必無者

造作僞書有於無意中自露破綻者即如古人紀日之文曰某日某甲子越幾日某甲子所謂幾日者必連前所記之日數之如召誥云三月惟丙午朏越三日戊申越三日庚戌越五日甲寅又曰若翼日乙卯越三日丁巳又曰越翼日戊午越七日甲子顧命云丁卯命作册度越七日癸酉是當時史官紀事體例如此而僞古文武成獨曰丁未祀于周廟越三日庚戌是以越四日爲越三日矣即此一端其僞顯然而其僞作畢命則又曰六月庚午朏越三日壬申體例與古史合豈有所本耶即以紀日

觀之武成之僞顯然而紛紛更定竄亂原文未必不爲作僞者所竊笑也按三統曆譜嘗引武成矣中有云翼日辛亥祀于天位越五日乙卯與眞書若合符節然則何得不信此而疑彼乎凡尙書篇名見書中者皆即書中字摘以名篇者也其紀事之辭如高宗肜日西伯旣戡黎之屬其紀言之辭如大誥爾多邦爾殷遺多士君子所其無逸告爾四國多方之屬皆是後人取書中字以名其篇非如後世文士先造篇名而後作書也不特書也詩經亦然觀鄭風中有兩叔于田則後篇特加一大字以別之論語亦然因上下論中有兩季氏篇則前篇特改八佾以別之此古人著書後人名書之通例也而僞古文旅獒篇獨曰太保乃作旅獒以訓于王旣非紀事又非紀言直是書序今文二十八篇中無此例也夫旅獒何解乎就其文義曰西旅厎貢厥

獒則旅獒二字名篇可也以之屬辭不可也而曰太保乃作旅獒請問旅獒是何物而太保作之乎其僞顯然

金縢未可以戚我先王孔傳戚近也言未可以死近我先王相順之辭按此語殊不可解疏釋傳意謂死則神與先王相近故言近先王若生則人神道隔是爲遠也周公言王未可以死是相順之辭也按如此則經文未可上必當有一王字詞例才妥且二公曰我其爲王卜之而周公曰王未可以死所答非所問語意亦全然不貫至傳云相順之辭雖疏亦不能解故隨聲附和但加是也二字了之是孔傳不足據也疏又引鄭云戚憂也周公既內知武王有九齡之命又有文王曰吾與爾三之期今必瘳不以此終故止二公之卜云未可以憂怖我先王按如此則經文未可必須改爲不必詞例才妥且九齡與三之說豈可據

之以解尙書況既知必瘳而又爲壇册祝願以身代則直貪天功爲己力矣疏但以周公知王不死先王豈尙不知而慮先王憂之以駁鄭義尙未盡也是鄭注尤不足據至蔡傳云戚憂惱之意未可以武王之疾而憂惱我先王也蓋卻二公之卜按此說大略得之特下文册祝之詞直以武王生死責之三王是二公爲王穆卜不過問王吉凶其憂惱先王者猶小而公乃向之責命其所以憂惱先王者較二公不啻倍蓰則將何說以處此乎是蔡傳亦未爲盡善也愚按鄭注之妄妄在解義而其訓戚爲憂則確不可易蔡傳得其大略而解未可二字則尙未精審譬之國家有難當告於君若以目前禍患危迫之狀詳悉入告徒使吾君憂慮而已未可也惟籌度利害畫定一策以策事入告使吾君采用不致徒憂斯可矣夫武王有疾而二公卜諸先

王先王知其將死而無如何是徒憂我先王也未可也惟公以至誠代死之詞告先王先王雖憂愁於心而得藉手此詞以請命上帝則庶幾事或有濟而可以無憂我先王矣蓋未可二字當精審如此

或問武王之疾周公知其必死乎曰知之疾至不可爲良醫且知之而況聖人且如生死尚未可知而張大其事曰代某之身得吉卜而曰予小子新命於三王不又貪天功爲己力乎然則知祝之之必瘳乎曰未敢必也必之不待卜矣然此聖人之謙德也孝子慈孫一誠可以回天而況聖如周公大抵金縢一篇所以記周公之至誠也始以誠格祖考格上帝繼以誠動天威終乃以誠感幼主其理至微非至聖不能享天心如此後人疑之妄矣

氓詩爾卜爾筮體無咎言周禮占人君占體禮記玉藻君定體鄭注謂視兆所得也皆此體字鐵板注脚特三王在天之靈能知武王生死而不能主武王之生死也武王生死上帝主之公方以身代之說乞三王請命於帝縱使三王許爲之請帝之許否未可知也祝已即卜事在俄頃而何以即得吉卜公何以即決其罔害而武王翼日竟瘳何也曰鬼神之德至盛聖人與天地合德與鬼神合吉凶此斷非後世儒生所可臆測者然由常情度之三王能請命於帝而不能徒請於帝有公詞則可以請也公能知三王藉詞可以請命而不能知三王之許請與否有龜卜則可以知也然而三王之愛武王亦必同於周公若果藉詞可以請命萬無不許之理而公乃曰爾之許我爾不許我又何也曰卜世三十卜年七百事在他日營洛之時此時公不能知

天命之永焉否也命永則三王將請之而帝亦許之不永則請亦無益此惟三王知之而公不能知也至既得吉卜而後知三王必請帝必許周必不墜天之降寶命而王疾必有瘳也故曰王其罔害也

蔡傳於納册金縢匱中注云金縢之匱乃周家藏卜筮書之物前周公啓籥見書者啟此匱也後成王欲卜啟金縢者亦啟此匱也按下文明云以啟金縢之書又明云得周公之說則成王所啟者自然即此金縢之匱不待智者始曉也而謂周公啟籥即啟此匱則讀書亦頗不精審矣夫啓籥見書公在壇上卜龜時事也納册金縢匱中公歸後事也若果同是一匱公不於卜吉時即納此册而必待歸後重啓匱而納之此何意乎書以金縢名篇經曰乃納册于金縢之匱中又曰王與大夫盡弁以啟金

縢之書是金縢之爲物必國家鄭重之器其中所藏果僅卜筮書與否非後人所能臆測而其物則固非公可攜以自隨者也若所謂啓籥見書者則不過卜筮之書如周禮太卜三兆卜師四兆之類公固可與祝史並攜以往者而謂卽金縢可乎

王瘳之與王喪相距不知幾年禮記謂武王末受命又謂文王九十七武王九十三乃終其言雖不可盡信而本朝人說國初時事終有影響較之史記等書爲可信大約武王之崩與其得天下相去要不甚遠然則公以至誠格天而僅僅得此數年庸有濟乎曰此不知當時事勢者之言也是時武王之命所謂雖加一日愈於已也夫武王遲數年而後崩而既崩而流言卽起矣武庚卽叛矣大誥多士多方雖以周公之聖而大費經營如此假令武王先數年而喪則成王更幼離間之言更得而中之國

事更不可爲而天下岌岌矣周公之爲武王請命全爲周之永命起見非僅僅爲王一身計也故許之則無墜降寶命雖先王亦永有依歸不許則命必不永不復可以事鬼神上帝雖珪璧亦無所用之也或曰公之聖不減武王豈王喪而遂有此慮乎曰此尤不知當時事勢者之言也夫兄弟相及殷家常法是時周方承殷有天下而改爲傳子嗣子幼沖公不能不輔之而以國家新定之日身處嫌疑之地外既有誕敢紀敘之武庚內又有妄思相及之管蔡此其難易較之武王未喪之日相去何啻倍蓰耶武王遲數年始喪然猶多難如此而況可克商二年而遽喪乎然則公之請代其得已乎不得已乎

人情風氣愈下愈薄故前古之事有必不可行於後世者聖人知其然也不惜改變舊例以爲定法苟或生今反古則禍亂立見

是故君臣相禪至美也自夏后傳子爲定法苟或反古卽爲戰國之燕矣兄弟相及至美也自周家傳世爲定法苟或反古即爲春秋之吳矣蓋反古生禍亂在三代時已然不必後世也特周家改及爲世其法自武王定之乎抑武崩周公立成王始定之乎曰此事書傳無明文前儒亦無論及之者吾讀逸周書武儆解而後知其法實武周兩聖人所共定者武儆解曰詔周公旦立後嗣屬小子誦文及寶典王曰嗚呼敬之哉誦者成王名也此篇僅八十餘字孔晁無注後之校者亦謂其殘缺而其中存者文義顯然如此且文儆解爲文王立武王爲後之命故篇首曰惟文王告夢懼後嗣之無保庚辰詔太子發曰汝敬之哉文立武名篇曰文儆武立成名篇曰武儆名義既同又文儆解首云文王告夢武儆解篇首亦有王告夢之語告夢雖不能曉

其爲同紀立後之事則斷斷無疑然則傳世之法公實與武同定然則公之地位與前之泰伯後之季札可以自潔其身不顧國家者其難實萬倍也然則公之請代其得已乎其不得已乎金縢極通順易曉不似諸誥之難解也而後人往往誤解之上云公將不利于孺子則下云我之弗辟辟字明是避執政之位況下文明有辟之之地曰居東明有辟之之時曰二年又明有王悔悟迎歸之文曰惟朕小子其親迎曰王出郊

僞孔欲以此篇證僞造蔡仲之命故訓辟爲法以暗附會于致辟管叔之語既解辟爲致辟不得不解居東爲東征而征東甚遠非即時可以出迎遂不得不解出郊爲郊祭天矣無情無理不知此篇特記郊祭何故夫流言爲其將不利孺子而即興兵往殺起造流言之人罪人既得心暢意滿而以幼主之疑未解擁

兵觀望揚揚在外此雖後世少主臣稍跋扈者尚未敢然必王莽董卓曹操者流而後肆行無忌至此極也而以誣大聖之周公可乎況音辟爲避曰我之弗避詞義極順而乃用以法法三叔五字解一辟字可乎惟避位故居東義詞又極順而解之爲東征征東而曰居東可乎

周公居東二年近人濟寧許雲嶠鴻磐尙書札記云二年不連周公居東句周公居東特記此語完上文辟字之意也所云二年者成王之二年非周公居東二年也元年流言二年公避而罪人得經文則字斯字正言其得之速非遲之之詞也（此駁蔡傳斯得者遲之之詞也）云云以周公居東四字爲完上文以二年爲成王二年立說新巧而實則讀書不精審之過也凡解經而欲以己意更正舊說當以經解經尤當以本經解本經金縢一篇記事最曲折

詳盡篇中至用十六乃字自祝詞三乃字外餘十三乃字皆記事詞也若使周公居東四字自爲一句其事例正與史乃册祝周公乃告二公公乃爲詩一例必當云公乃居東矣使周公居東四字屬上爲文其詞例尤與未可以戚我先王公乃自以爲功一例必當云我無以告我先王周公乃居東矣此其不合本經者一也周公居東二年句法與既克商二年絲毫無別克商二年非武王即位之二年也則周公居東二年何得隔截其句而以爲成王卽位之二年乎此其不合本經者二也且蔡傳解罪人斯得爲始得流言之人本是誤解許不知其誤但以遲速相辨難而不知如其意論之蔡尚速而許尤遲也何以明之蔡謂公居東之二年斯得是相隔纔一年也若許謂成王之二年斯得則流言居東皆在武王始喪之年經文有明證也至明年

而成王始卽位改元又明年而始爲成王之二年是距公居東之歲首尾凡三年矣而罪人始得非欲速而反遲乎吾故曰許之讀書未精審也至其云元年流言二年公避則經文武王旣喪與管叔流言與公告二公與周公居東皆一直說下其閒並無可以分隔年歲之理而許乃云云是直鹵莽滅裂自造典故

讀書不精審之過也

罪人斯得僞孔以爲周公已併武庚三叔誅之故其篇末傳云此以上大誥後因武王喪幷見之然而誤也非但征東必不可云居東且東征之詩明云三年此云二年顯然不合蔡氏駁之是也而蔡解斯得謂成王始知流言之爲管蔡亦誤上文大書云管叔及其羣弟乃流言于國主名確鑿如此何待二年始知夫惟當時確知流言本是懿親故成王不能無疑公不得不避位

若僅是民之譌言不必張皇至此況罪人斯得者得罪人而誅之之詞也若僅是始知流言之人於文亦殊不類又況如蔡解則鴟鴞詩之既取我子不可解如僞孔則鴟鴞一詩全不可解故愚以爲皆誤然則何也曰愚以爲罪人斯得者成王得管蔡而誅之也蓋武王既崩周公執政以輔成王管叔與羣弟倡爲不利孺子之說使偏傳國中以閒成王流言者言如水之流甚易而速也流水非無根之物不必解流言爲無根之言至公既避執政之位居東年餘管蔡見反閒之計不行乃遂以殷叛周夫但倡不利之言尚非大罪公既避去其言不解自破尤不必追以爲罪而至監殷而叛則眞罪人矣於是成王乃得而誅之是時管叔方監殷王得誅之者經傳不詳不能悉也且夫公之避位居東得至二年之久者以二公在朝也傳所謂召康公與

太公夾輔周室者也然而身雖在外心在王室至是聞誅管蔡既不能無傷於手足之愛而又以朝廷不汲汲討武庚而惟殺管叔是急將來小腆蠢動西土不靜事未可知矣故作鴟鴞之詩以貽王大意謂武庚既害我三叔而又將窺伺我國家首章揭明大意而傷三叔之因此獲罪次章言我方始立國而即有武庚之外侮三章言國本未立事甚危殆四章言禍患顯著吾心甚迫急而吾言不得不哀切也大旨如此乃王得此詩不喻公旨前既有流言之疑至此復疑既取我子爲咎王之殺管蔡一似以鴟鴞比朝廷者則我方大義滅親公何得以此咎我然而不敢竟責公也故曰王亦未敢誚公蓋雖以周公之聖二公之賢而未易解王疑忌之心者如此至風雷交作啓金縢得公代武之說乃始深信公實無不利孺子之心始知鴟鴞之詩實

憂武庚之禍害國家而非咎我之殺管蔡於是迎公歸國執政如故於是公討武庚而乃有大誥之書故大誥但斥武庚不及三叔一語於是公始東征而有東山之詩故書言居東二年而詩詠東征者三年此吾合之詩書反覆事理而竊以爲差得其情事者也

朱子詩集傳誤信僞孔以鴟鴞爲周公既誅管叔武庚後之詩而亦以鴟鴞比武庚則豈手誅管叔而乃諉之於鴟鴞耶既誅武庚而尙慮其毁室而禁之曰無毁耶全篇危苦迫切之言爲溯往事耶爲戒後來耶皆一無所著故愚謂如僞孔則此詩全不可解也況果如孔說則殺管叔無與王事王何故因此詩而欲誚公管叔方以殷叛公方誅武庚而併誅同叛之管叔正公勤勞王室實事王何至全不知感而反因見詩而欲誚公且一讀

代武之說卽知公之勤勞而頃者滅殷餘孽安周大功全不知
覺旣不召之歸朝又見詩而欲誚之直待風雷交警啟金縢書
始知悔悟此雖後世中主愚不至此而況成王耶
蔡傳周公卜武王之疾二公未必不知之周公冊祝之文二公蓋
不知也愚謂二公皆不知也冊祝之事聖人以至誠格天理固
如此故公之爲壇墠必不在國都之中當時蓋擇都外靜僻之
地而召冊史及應執事者同往故曰歸俟爾命曰公歸經文有
明證也至卜龜見書亦卽在周公所立壇上祝已卽卜卜已卽
啓籥皆一時事史乃冊祝曰云云卽繼以乃卜三龜云云經文
亦可證也然則二公不知冊祝焉知卜疾乎公歸不告二公以
冊祝之事豈獨告二公以卜疾乎故曰皆不知也
公命我勿敢言漢人皆作一句讀故王莽效周公勑羣公勿言非

但僞孔也而蔡傳非之解謂此實周公之命而我勿敢言爾則命字萬不可解公又不欲以此事沽名鬼神之理甚微可使由不可使知此公之所以命勿言也且苟非公命勿言則祝史或僅一人百爾執事能不以至誠格天異事相傳告乎而王與二公至相隔數年之久而全不知有此事乎

僞孔本惟朕小子其新逆釋文云馬本作親迎按親迎是也正與下文王出郊文氣一貫僞孔欲解出郊謂出而郊祭則親迎二字無著況謂周公方東征則亦無往師所親迎之理故改爲新逆而傳之云改過自新遣使者迎之則上文並無王過雖欲謅公而終未敢所謂改過自新者安屬耶至蔡傳又作新迎謂新當作親又引鄭氏詩傳親迎周公之語謂新爲誤則豈未見釋文耶且非馬非孔亦不知其所據何本

許氏雲嶠札記反駁蔡傳謂康成詩箋至以鴟鴞比成王其臆說
無禮如此其他說何足爲據竹書記年亦有王逆周公於郊之
語試思周公遠在東方出郊將誰逆乎郊字當從孔傳無疑云
云夫以鴟鴞比成王誠康成之臆說也而親迎二字則馬融本
實實如此鄭所謂親迎周公者不過述經語耳以解詩有無禮
之臆說而并其述尙書經文者亦斥之爲不作據此豈可解經
乎又且我之弗辟僞孔訓辟爲法蔡傳據鄭氏詩傳避居東都
之文解辟爲避許謂較孔傳爲優其語方在前條同一蔡氏書
傳據鄭氏詩傳合吾意者較孔傳爲優不合吾意者即不足據
此豈可解經乎許氏札記又云即以新字作親字所云予小子
其親逆其者擬合如此之詞非果親往也吾嘗謂許氏讀書不
精審此語亦其一也然吾因許言更讀經文乃知古人文字謹

嚴眞非麤心人所可妄解者篇中其字當作擬合如此解者凡四而皆有歸宿二公曰我其爲王穆卜一也而以未可以戚我先王句爲歸宿册祝曰我其以璧與圭歸俟爾命二也而以卜吉書吉及公歸等句爲歸宿公曰王其罔害三也而以王瘳句爲歸宿王曰惟朕小子其親迎四也而以王出郊句爲歸宿然則親迎即作新逆即解作改過自新遣使者迎之而下文並無遣使之事三其字皆有歸宿獨末一其字漫無歸宿可乎不可至僞孔解出郊爲郊祭彼不過欲迴護蔡仲之命耳然而有萬萬不可通者夫風雷告警弁啟金縢舉朝惶惑之時何暇行此鉅典孔謂改過自新豈眞對天自誓乎且上云天大雷電以風下云天乃雨反風是王未出郊以前狂風固未息也此其爲時必不甚久久亦不過一二日間而天子郊天有多少典禮卜日

卜牲談何容易孔謂玉帛謝天豈盡去一切儀禮專用玉帛而可謂之郊乎是於當日情事已萬萬不可合而以書法觀之上云惟朕小子其親迎下云王出郊文氣一貫明白易曉也今改爲郊祭則上文親迎既無歸宿此處郊天又突如其來古今有此文法乎堯典祭天云肆類于上帝召誥祭天云越三日丁巳用牲于郊牛二語例皆極鄭重今乃以出郊二字了之乎且本經記周公告三王自爲壇至册祝詳明如此而成王謝天乃僅僅二字即使一爲本事一爲旁及敘事當分主客顧亦不應簡略如此周公之卜與成王之卜何嘗不分主客然經記周公之卜曰乃卜三龜云云其辭固詳而記成王之將卜曰王與大夫盡弁云云亦不過略是詞例固當如此豈有記郊天大事而僅以出郊二字了之者乎然則出郊必當解爲郊迎周公無疑乃

許謂周公遠在東方出郊誰逆則吾不知東方果在何處遠果安極東方之遠許果從何知之夫以居東爲東征是書之東即詩之東山說固誣妄不足辯其他或謂東都或謂東國或謂東方皆不過望文生義以意揣測之詞而愚則謂東是王城之東其地與都城相去亦不甚遠夫周公爲王卿士而封之畿內則東者公之封國也若此時公尚未封亦必有湯沐之邑則東者公之采邑也辟也者辟執政之位也非辟人而辟世也居也者釋政而退居也非逃之而隱居也是時流言孔急百口莫辯惟公辟執政之位故流言不解而自息矣公雖不與朝政未有不關心國是者惟退居伊邇故一聞王殺管蔡而即作詩以貽王矣詳玩上下經文辟爲辟執政之位居爲退居封邑東爲王都之東去都甚邇而朝野所共知罪人斯得爲成王得管蔡而戮

之王出郊爲出郊往迎周公皆一一通貫毫無疑義前儒解金縢往往得此失彼以致經文齟齬不可合若許氏札記之言本不容辯今辯之者仍辯僞孔也以吾前辯僞孔出郊之解未盡也

召公以成王定鼎郟鄏而得吉卜於是懼王信卜而不修德乃作召誥一篇篇中反覆言成命之不足恃惟敬德始可以祈永命世儒不解其義徒以爲誥戒之常言於是言天言命皆成惝怳矣余故爲召誥解以正之篇中句斷亦多錯誤如茲大國殷之命惟王受九字當句命無疆惟休亦無疆惟恤別爲句而解者以惟王受命爲句則上文改厥元子茲大國殷之命之茲字不可解矣況君奭曰殷既墜厥命我有周既受顧命曰皇天改大邦殷之命惟周文武誕受二經有明證乎又如今天其命哲命

六字當句吉凶命三字當句歷年知三字當句今我初服宅新邑別爲句而解者今天其命哲爲句命吉凶爲句命歷年爲句知今我初服爲句而解之曰今天其命王以哲乎命以吉凶乎命以歷年乎皆不可知所可知者今我初服何如耳則命王以哲四字已不成文而哲也吉也歷年也皆從永命一邊說中閒忽插一凶字就墜命一邊說亦爲不貫又且皆不可知四字是無故添設而所可知者今我初服何如耳語亦糊突無謂若從吾解則曰今天其命哲命今天其信已命我以哲命乎吉凶命歷年知吉凶之命必待既有歷年而後能知之非今日得吉卜之所可恃者故下云今我初服宅新邑肆惟王其疾敬德王其德之用祈天永命言我今日正在初服猶之生子正在初生之時惟有速敬厥德王果用德卽可以祈天永命猶之當子之初

生而自貽之以哲命也何等直截了當又況以文義觀之上云自貽哲命下云其命哲命正復一氣相生自爲證佐不知解家何故必離下哲命字以哲字屬上句以命字屬下句坦坦周道自種荆棘眞使人不可解也

洛誥乃命寧予毛大可極駁蔡傳謂古今自婦人歸寧外豈有寧禮耶按尚書文侯之命其歸視爾師寧爾邦儀禮覲禮明云天子辭于侯氏曰伯父無事歸寧乃邦後漢肅宗詔引之曰禮云伯父歸寧乃國此寧字與尚書寧字正是同義且大可但知婦人省父母爲歸寧而不知男子省親亦曰歸寧如漢書哀帝紀博士弟子父母死予寧三年師古曰寧謂處家持喪服後漢書陳忠傳光武皇帝絕告寧之典（前書音義曰告寧休謁之名）又陳重傳（獨行傳）同舍郎有告歸寧者唐人猶知之屢見諸家詩集中室宋史容

山谷外集注引九朝通略元豐二年太學生鍾世美得假歸寧是宋時尚有此語乃命寧予以秬鬯二卣文侯之命王曰父義和其歸視爾師寧爾邦用賚爾秬鬯一卣寧予寧爾其詞旣同秬鬯之賜其禮又同此豈可異解乎蓋平王之賚文侯以秬鬯正用成王待周公典禮也

予不敢宿蔡傳宿與顧命三宿之宿同其注顧命云宿進爵也愚按此宿字當解如論語不宿肉之宿蓋秬鬯取其香氣時久則氣散故不敢宿而卽禋之於文武也小爾雅宿久也廣雅宿留也

吾嘗謂君奭爲周公定洛後答召公召誥之書小毖爲成王悔悟後答周公鴟鴞之詩皆別有說

君奭曰天不可信我道惟寧王德延天不庸釋于文王受命多方

曰非天庸釋有夏非天庸釋有殷同是庸釋同是稱天自當同
義而注家異解何也蓋庸釋者舍而不肯眷顧之意二字連文
不當一處解庸爲容一處又解爲用一處解釋爲捨一處又解
爲去之也多方庸釋易明君奭亦與同解言天雖不可信而我
武王實能延文王之德則天亦不忍舍而不眷顧我文王之受
命也

費誓馬牛其風臣妾逋逃勿敢越逐祗復之我商賚汝乃越逐不
復汝則有常刑東坡書傳云軍亂生於動故軍以各居其所不
動爲法若馬牛風逸臣妾逋逃而聽其越逐則軍或以亂亦恐
姦人規亂我軍故竊馬牛誘臣妾以發之禁其主使不得捕逐
則軍自定得此風逃者當敬復其主我當商度有以賜汝若其
越逐與其得而不復者皆有常刑按蔡傳大意與此同皆非也

夫軍中安得有臣妾哉苟有臣妾而既各居其所不動爲法又安得有逋逃之臣妾哉且所謂得此風逃者何人乎若軍伍中得之而敢不復其主是自相攘奪之亂軍矣豈周初魯公之行師而漫無軍政至於此極乎若他人得此而來復我軍中則何爲不賚來復之人而反賚汝乎汝者汝軍人也必無指他人之理蓋馬牛臣妾者民閒之馬牛臣妾也大兵所過民情必甚惶惑我雖秋毫無犯而民之有奔避遷徙者固情所必至於是當擾攘之時遂或有風逸之馬牛逋逃之臣妾亦勢所必然故公諄諄然戒之曰汝無敢越隊伍而追逐之若既得之而能迹其原主而還之則我當商度所復多寡之數而有以賚汝乃或越逐之或得之竟私爲己有而不還原主汝則有常刑矣至於敢爲寇攘踰人垣墻馬牛本未風逸而敢竊之臣妾本不逋逃而

敢誘之汝則有常刑矣上是因風逃而據爲己有下是不風逃而奪人所有後刑必更重於前刑而皆曰常刑者葢刑法載在令典軍人盡曉故但云常刑耳嗚呼後世軍無紀律攘奪牲畜擄掠婦女甚至殺平人以爲功級所過之處野無靑草民畏官兵甚於盜賊行師之慘極矣是時固不至是然而防患未然所以誥誡訓飭之者周至如此此其所以爲王者之師也左文十八年傳史克引周公作誓命曰有常無赦在九刑不忘按誓命有云掩賊爲藏竊賄爲盜盜器爲姦主藏之名賴姦之用爲大凶德有常無赦正與此常刑相證明

今文中雖全篇通暢易曉必有一二語不可猝解者乃至極淺易如文侯之命時已入東周矣極晚近如秦誓時已半春秋矣而讀其書詞必不能無藉傳注況周初乎況唐虞夏商乎古文無

篇不易解其有不可解者即是剽竊書傳中之引尚書者此豈一口之所能愛憎者乎而嘵嘵者何爲乎

今文尚書不外婉曲渾厚四字古文尚書不外徑直浮薄四字

尚書但紀月日不記年歲此必古史官自有一定之例非後人所能測議者如堯典之正月上日月正元日牧誓之時甲子昧爽康誥之維三月哉生魄多士之維三月多方之維五月丁亥顧命之維四月哉生魄其體例無不然者乃至呂刑云王享國百年則是舉年壽爲言實不言穆王即位幾年也金縢云既克商二年則是紀勝殷以後實不言武王即位幾年也惟洪範有維十有三祀之文則又別開一例蓋是篇記箕子之言稱年爲祀史臣恐混周年於殷祚故特變文云維十有三祀若曰雖稱年爲祀而實我周武王之十有三年也變文而非恆例然今文尚

書中紀年者亦只此一見耳

僞古文尚書不知古史體例遂於伊訓有元祀太甲說命有三祀太誓有十有三年畢命有十有二年無知妄作不必詰者

書序斷非出自先聖其所云往往與本經背謬如謂成王作康誥與經中朕其弟顯然不合世儒以漢學力辯而迴護之至以孟侯爲周公呼成王以朕其弟爲周公呼康叔而復以王若曰謂是周公述王之命顚倒錯亂無一是者斷當以宋儒說武王作康誥而篇首爲洛誥之錯簡萬萬無疑也則序所云非也序又云成周既成遷殷頑民周公以王命誥作多方按經文以移遹遐逷爲昔者之事則殷民之遷遠在成成周之前故召誥云庶殷洛誥云毖殷安得營洛既久始遷殷民乎且成王周公之稱之者曰天邑商曰殷獻民曰多方之義民何嘗輕賤之而以爲

頑民乎則序所云又非也至其逸者如五子之歌如旅獒諸序與僞書合而與他傳記所說不合蓋僞書依序作僞而不知序之不盡合也

西河論經亦自有的確不磨處而盛氣指斥如販夫裸罵村婦拍手者此何爲也若删其一切閒文與自造典故及故求立異以攻朱子者剝膚存液未始不可開悟後學嗟乎安得有心明眼人一整理之

讀書何可拘執成見但求其是即是善讀書者近時諸家拘拘於漢學一字不肯攙入唐宋而注尚書家尤甚古文既已爲僞舍之可也而因此遂謂今文中亦有爲梅氏所改易者凡遇他書引尚書與今本異者即依他書改易今本或增或删或移或易嗚呼此亦焚書之日矣夫古人引書原自有以己意增删之者

謂尚書爲梅氏所竄亂而梅氏未嘗點竄他經也則他書之引他經者亦多異同其又何說以處此吾嘗謂諸家盛尊漢說而其氣象只是三家村夫子何嘗有漢儒學問漢儒注經明知其譌誤者亦必注之曰當作某或曰衍文而已未敢向經文中以己意改易一字而今則筆則筆削則削無所不至可謂尊漢學者乎其注尚書必以鄭氏降而至於馬氏又降之則王氏而已然而三家之書無一存者宋撫雖極博不過萬分之一而奉奇零斷續之文字字而疏證之以爲漢學眞大可笑也　凡古人著書往往存二說引其注者或偏舉一說古人注書往往前後異義引其注者或但稱一義古人注書往往稱一語而駁之而正之又或既駁之復爲釋之引其注者或但引其所稱而不復載其駁語或但引其所駁而不復記其釋詞此皆事理所常有

者今但見徵引而未見全文吾惡知其所云馬鄭者果即馬鄭意乎

煙嶼樓讀書志卷第二

鄞遂學齋徐氏校印書籍之記

煙嶼樓讀書志卷第三

鄞 徐時棟 同叔

經三

詩

夫婦士女義皆有別男子已娶曰夫未娶曰士女子已嫁曰婦未嫁曰女詩曰求我庶士又曰士如歸妻皆未娶之稱也故易曰老婦得其士夫士夫與女妻相對女妻謂處女之妻非再醮婦也士夫謂士之夫非再娶夫也荀子非相篇曰婦人莫不願得以爲夫處女莫不願得以爲士楊注士者未娶妻之稱義最確今世以未娶而卒者曰處士未嫁而卒者曰處女猶是古義然雖曰處士而不得其解者多矣　或曰氓詩自我徂爾三歲食

貧是此人既已有室矣而下復云士也罔極二三其德則不必
未娶者始謂之士也余曰固然然不可泥者詩不又云乎女也
不爽士貳其行則是既嫁而亦可謂之女矣若分別言之則如
吾前所云混稱之則夫士爲男而婦女爲女也猶之禽曰雌雄
獸曰牝牡而雉鳴求其牡則屬之禽矣雄狐綏綏則屬之獸矣
無衣集傳謂秦俗强悍樂于戰鬬故其人平居相謂如此然而秦
非僭王之國也而三曰王于興師此何王耶蘇氏謂秦本周地
民猶思周之盛時而稱先王此說集傳采之然而尤不可通豈
有先王興師而我能與子偕作者耶或曰忘其出何人矣此吳人滅楚
楚申包胥乞秦師秦哀公既許之而作此詩故傳曰秦哀公爲
之賦無衣王者楚王也按左傳稱賦者不必古詩如公入而賦
姜出而賦退而賦曰之類皆自作詩也則其引傳似是明證而

詩中與子同仇亦頗與其事相切旣而思之亦非也楚人僭號以後列國相謂亦固有稱楚王者若入之歌詩不云楚而直稱之爲王則事理之所必無者也且三百篇爲春秋時人作者皆在孔子未生以前及孔子之身則已有定數論語一則曰詩三百再則曰誦詩三百可驗也而此事在魯定公之四年夫子年已四十有七豈有取近人之詩入編中而曰三百三百一如古編也者則又事理之所必無者也最後又得一說亦忘其所出謂此乃秦穆將與晉文納王時之詩此雖後起之說而不可易也蓋王者周天王也子者晉文也仇者王子帶也此正師河上而待晉時之詩也及晉人辭秦師而下此役雖不果而秦穆勤王之心未可沒也故存之也於是而王于興師之王有的解矣

吾知澤陂之無異乎月出也鄭風野有蔓草云有美一人則繼之

曰清揚婉兮而此詩一章有美一人乃繼之曰傷如之何蔓草云有美一人清揚婉兮則繼之曰邂逅相遇適我願矣而此詩二章有美一人碩大且卷乃繼之曰寤寐無爲中心悁悁且其首章曰有美一人傷如之何寤寐無爲涕泗滂沱苟爲男女相悅相念之辭未有一稱有美而即傷之傷之而至於涕泗滂沱者蓋其事急矣其禍烈矣其憂君切矣其心即洩治忠諫之心而其辭即月出勞心之辭而較之爲尤迫也朱子曰此詩之旨與月出相類諒哉

或曰陳靈從夏南一事而其詩至月出株林澤陂三篇之數見乎曰此難言也焉知月出前篇防有鵲巢之誰侜予美心焉忉忉非亦指此事乎齊襄通文姜一事耳而齊風南山敝笱載驅亦數見之況月出澤陂純乎忠愛之心較齊風之但爲諷刺者尤

爲敦厚而數見何妨乎

澤陂在月出株林之後何元子楷旣解月出與株林同時必當解澤陂亦陳靈時詩矣當考世本古義

青蠅三章集傳一章比也二三章興也按三章皆以青蠅比讒人不知何故同義異解向疑板誤而無刻不然

緜蠻黄鳥止于邱阿道之云遠我勞如何飲之食之敎之誨之命彼後車謂之載之集傳曰比也此微賤勞苦而思有所託者爲鳥言以自比也蓋曰黄鳥自言止于邱阿而不能前蓋道遠而勞甚矣當是時有能飲食敎誨又命後車以載之者乎愚按此以黄鳥起興而非爲鳥言也詩人言黄鳥尙有止處而我則勞于行役而不能趨不能極也誰能飲食我敎誨我載我以後車而使我得免于行乎大意如此今乃以爲鳥言則如鵙鴞之爲

鳥言亦必予羽予尾類于禽語鸒子毀室通于物情豈有禽鳥也舍邱阿之自得其樂而反願爲人後車之所載乎且孔子讀此詩而曰于止知其所止是明明以邱隅之止爲得所豈有一毫恨其不能前之意乎詩詞明白易解不知朱子何故别生一義也

經始靈臺經之營之庶民攻之不日成之經始勿亟庶民子來此六句從古無的解夫以亭臺沼囿之廣斷無不日可成之理此無論趨役者之衆寡也且既不日成之矣何又曰經始勿亟乎又曰庶民子來乎解家不得其解遂謂以不日成之之故故謂之靈臺然靈字字義孟子已先解之以其民歡樂之而謂之靈臺靈沼非以其不意速成而謂之靈也解家又以末二句謂追叙未成時事果爾則其語當在庶民攻之不日成之之上矣今

余以經解經忽得妙解蓋經始靈臺經之營之者即召誥之厥既得卜則經營也庶民攻之不日成之者即召誥之太保乃以庶殷攻位于洛汭越五日甲寅位成也經始勿亟庶民子來者即召誥之厥既命殷庶庶殷丕作也蓋首二句是言相度地位次二句是言營度方位既成下二句始言庶民之興作以書核詩若合符節古人復起不易吾言

周公作大武以頌文武之功而武之詩曰於皇武王無競惟烈允文文王克開厥後嗣武受之勝殷遏劉耆定爾功吾每讀此詩而疑之凡雅頌恆例其專美一人若生民之美后稷公劉之美公劉者無論矣其他凡頌美先世之作如大雅則大明必先大任王季而後文武緜必先古公姜女而後文王思齊必先大任而後文王大姒皇矣必先大伯王季而後文王下武必先三后

而後成王文王有聲必先文王而後武王如周頌則天作必先大王而後文王昊天有成命必先二后而後成王執競必先武王而後成康如魯頌則閟宮必先姜嫄后稷大王文武周公魯公莊公而後今之魯侯如商頌則玄鳥必先武湯而後武丁長發必先有娀玄王相土而後湯先祖後宗先父後子此古今文章定例亦定理也而獨此詩先武王而後文王且受之者受之於文王也則當云嗣文受之受之者武王受之也則當云武嗣受之而皆不然而獨曰嗣武受之假令不知周家世系驟讀此詩既先武王後文王而文王下復言嗣武受之此爲武之受於文乎抑爲文之受於武乎其可疑如此然且左宣十二傳稱武王克商作武其卒章曰耆定爾功篇中明明有武王字而乃謂武王之所自作此詩僅僅七句楚莊乃誦其末句而左氏述之

蓋讀左傳而其疑滋甚如此又且樂記賓牟賈論大武有有司失傳不則武王之志荒矣之語大武本周公所作而乃歸咎武王而疑其志卽使武王志荒貪得天下以至聲淫及商而周公表揚功業爲武王作樂不應反形容其荒志也而乃賈言之孔子然之蓋讀樂記而其疑益甚又如此今乃恍然而知爲武王所自作也非惟詩無可疑左傳禮記亦無可疑者也夫所云武王者商湯也史記曰湯曰吾甚武遂自號武王此語雖不可甚信而武王二字則周武未崩其諡未定以前無不知爲商湯者故商人作頌於玄鳥曰武王靡不勝按武丁孫子武王靡不勝朱子注謂武王湯號而其後世亦以自稱余謂無此理也武王靡不勝者謂武丁之孫子於湯所爲事業無不可肩當之也於長發曰武王載旆而玄鳥首章直以武與湯併稱之曰古帝命武湯當周武作大武時豈能預知身後將諡我爲武王恐後人難於別

識而不稱成湯爲武王乎人子善則歸親武王得天下尤當歸功文王詩書中歷歷可考也而以征誅得天下者近世實始自成湯故曰於皇武王無競維烈謂唐虞夏以德而殷以功也曰允文文王克開厥後嗣武受之謂及我文王啓佑我後人而實能繼殷湯以受其天下也曰勝殷遏劉耆定爾功謂至於今日則既已克紂可以止殺而遂致定文王之功也爾者爾文王也此猶周公對大王王季文王而曰爾三王也故後漢祭祀志引元命包曰文王之時民樂其興師征伐而詩人稱其武功　或曰周武以前皆稱成湯爲武王是矣及周公作謚法既定昭廟之謚則豈不慮後世之難於別識者而何不於制禮定樂時一追改之曰此兒語也焉有武王手作大武之樂而周公可爲之追改者若以後人私度古聖人非但周公制禮定樂之時當改

大武卽孔子正樂定雅頌之日又當改商頌矣　或曰此解雖
違舊義實愜人心特執競之詩首曰執競武王無競維烈此詩
實頌成康（語詳學詩記）必不能解武王爲殷湯也而二詩句法全同
下句且不易一字豈同在周頌之中一以指周武一以指殷武
耶曰此駁稍近理然亦迂拘之見也詩中句語相襲者多不勝
數而無逝我梁無發我笱我躬不閱遑恤我後四句並見谷風
小弁兩詩中一則夫婦之言一則君臣父子之語一則家事一
則國難而居然至於四句十六字無一字不全同者何況並頌
征伐之功者乎然且牧誓稱武王左仗黃鉞右秉白旄以麾而
商頌有曰武王載旆有虔秉鉞其稱謂同其事同其物無不同
而劃然兩人一殷武一周武相隔至六百年之久而又可混乎
吾嘗謂讀書當別具手眼往往有文雖異而事實同者亦有明

明同文而實異義者嘗戲語友人易云君子道長傳云國君道長一句四字至三字並同而無一字不迴然異解有如此者書序云遜於有虞揚雄法言序云遜於不虞亦僅僅易一字而其解全別孔子例稱子而坊記之子云乃稱他師不因其中之自引論語不知也曾參例稱曾子而檀弓之穆公使人問曾子乃稱曾西不因其下之自呼爲申不知也列女傳魯黔婁卒曾子往弔之錦繡萬花谷前集後集兩引高士傳並云曾西事周武例稱武王而大武之武王乃稱成湯不因其詩之先武後文及文王嗣武等語亦不知也而又證之以左傳參之以樂記而吾解始定

或曰武篇武王之爲成湯既據左傳無疑義矣乃傳記楚莊之言不但此也宣十二傳稱楚莊曰武王克商作頌曰載戢干戈載櫜弓矢我求懿德肆于時夏允王保之又作武其卒章曰耆定爾功其三曰敷時繹思我徂惟求定其六曰綏萬邦屢豐年令

考之周頌載戢干戈云云時邁之詩也（清廟之什第九篇）耆定爾功武之詩也（臣工之什第十篇）敷時繹思云云賚之詩也（閔予小子之什第十篇）綏萬邦云云桓之詩也（又第九篇）武詩已有成說餘若時邁若賚即皆以爲武王作無不可通惟桓詩曰綏萬邦屢豐年天命匪解桓桓武王保有厥士于以四方克定厥家於昭于天皇以閒之此武王明指周武不能以爲成湯也若此武王非成湯則豈有同在大武之中而兩武王乃可異解之理然則武王作武之說不足據矣曰此成見在胸之故也左傳稱周饑克殷而年豐桓篇首二句正周武初克商時事下即自爲戒儆謂守天命非可解也昔者桓桓之成湯未嘗不保有厥士戡亂四方以定其家及我周之德昭于天而我皇遂以代之矣語極明順易解何以不能指武王爲成湯耶且若指武王爲周武餘詞亦固可通而皇以

閒之句當作何解爾雅釋詁云閒代也於此章詩義最確其他訓義如隔遠離隙之類俱不與此詩相比附故毛傳卽以代訓閒然惟上句武王是成湯則下句可不言而喻若武王是周武則代之者代何人乎又且賚之詩曰文王既勤止我應受之又曰我徂維求定皆明明是周武自作之辭亦必不能指爲周公頌文武者然則合武賚桓三詩觀之武王作武之說確鑿可據周人說周詩必自有授受眞解不然楚莊豈不知武王爲周武之謚者左氏豈不見周武詩中有兩武王字者

頌揚本朝則諱言勝國古人不爾也殷人以長發頌其先而首云禹敷下土方周人以大明美其先而首云天位殷適尙書中尤多多士多方所以誥誡殷人其皆言成湯至帝乙宜也而召公以召誥誥其君首稱殷先哲王周公以無逸戒其君首稱殷王

中宗高宗祖甲而後及大王王季文王乃至同朝告語如周公之於君奭亦必先稱成湯太甲太戊祖乙武丁與其諸臣而後及於先世而況武王手定天下歸功文王追美征伐得天下之商湯以爲比德而又何忌諱之有乎

孫履齋數詩句起三言終八言然緇衣之敝及還一言句也祈父鱄魴二言句也　三百篇以四言爲主其長短句之錯見者莫多於五言故如三言六言多不過二句江有汜振振鷺之連下四句爲三言所僅見是以有袞衣兮之連下三句爲六言所僅見至於五言則誰謂雀無角連下四句（召南行露）舒而脫脫兮（野有死麕）揚且之晳也（鄘君子偕老）皆連下三句投我以木瓜則全篇五言偶閒一三字句耳（衛木瓜）知子之來之（鄭女曰雞鳴）連下六句十畝之閒兮（魏十畝之閒）連下六句爲全詩庶見素冠兮（檜素冠）連下七句而閒

六言二句爲一詩佌佌彼有屋（小雅正月）連下三句匪先民是程（疾威）連下四句或燕燕居息（北山）連下十二句虞芮質厥成（大雅緜）連下六句伴奐爾游兮（卷阿）連下十二句而閒以四言三句宅殷土芒芒（商頌玄鳥）連下三句然則焉得不一變而爲五言詩乎　小雅北山詩後三章全用五言凡十二句每句以或字起亦遂截然而止後人無敢有效之者　詩莫古於商頌商頌五篇凡百五十四句中有六言句二句帝命式于九圍（長發）設都于禹之績（殷武）是也而五言得二十二句之多我受命溥將（烈祖）宅殷土芒芒古帝命武湯正域彼四方在武丁孫子武王靡不勝肇域彼四海殷受命咸宜（以上玄鳥）禹敷下土方外大國是疆帝立子生商受小國是達受大國是達受小球大球爲下國綴旒受小共大共爲下國駿厖則莫我敢曷實左右商王（以上長發）莫敢不來享莫敢不來

王以保我後生（以上殷武）百分之中得十五分何必待西京而始萌芽乎　三百篇之格莫奇於緇衣第一句五言第二句一言第三四皆五言第五句一言第六句六言又莫奇於伐檀第一五言第二三皆六言第四四言第五七言第六四言第七八言第八九皆四言後人爲樂府歌行雖極短長錯落不能效此也

煙嶼樓讀書志卷第三

遂學齋

煙嶼樓讀書志卷第四

鄞 徐 時棟

經四

周禮

康成注大行人引孟子曰諸侯有王朱竹垞彝尊遽采此四字爲孟子佚文愚按非也前數葉中方引此四字稱左傳今詞義並同何爲一引左氏一引孟子乎其注𨚍人引曲禮誤以爲檀弓注射人引射義誤以爲樂記此引孟子正同一錯記也

儀禮

先配後祖古人所譏而士昏禮亦以婦至之明日始見舅姑何也或謂未見舅姑之前婦雖至而不配也今杭俗猶如此然昏禮

明言壻迎婦至夫婦共食既徹壻說服於房婦說服於室又云姆受婦巾鄭注巾所以自絜清又曰媵布枕席主人入親說婦之纓燭出媵待於戶外呼則聞至於夙興而後婦沐浴俟見質明始見舅姑是未見之前明明配合矣且唐詩有云妾身未分明何以見姑嫜又云洞房昨夜停紅燭待曉堂前拜舅姑然則必待配而後可見乎然則先配又何譏乎

喪服疏繩非今時不借也周時人謂之屨子夏時人謂之非漢時謂之不借也此凶屨不得從人借亦不得借人皆是異時而別名也然則不借是喪屨之名後人因此屨是草履遂盡以草履爲不借失之矣然則小說家造爲仙人不借之說固妄而吾鄉前輩以左右不可通借解其義全鮚埼嘆爲精博吾嘗據之以駁舊說今讀禮疏始知其義精確不可易如此

禮記

曲禮恆言不稱老解家並謂身爲人子不得自稱己老愚謂非也身已高年而尙事父母者天下能有幾人禮家立論必以世閒常事言之而言其常則凡爲人子者大約二三十四五十歲耳此時何至自稱爲老而況恒言稱老乎蓋稱老者稱父母也非自稱也親年既邁起居恐其勞頓飲食恐其增減侍奉勸諫之際常不覺以衰老形之言語至告誡家人應對朋友尤不覺常在口中此恆言稱老人子之常情也然而父母聞之則心驚而神惕矣故記禮者戒之吾友范芾廬明經邦棠常對人稱老父老母余勸其勿爾而幷疏禮意如此

曲禮云夫人之諱雖質君之前臣不諱也按夫人指君夫人邦君之妻也君於其國屬父道則其妻屬乎母道凡爲臣子者固不

敢稱犯其君夫人之諱而至於對其君則妻統於夫雖臣子亦不復爲夫人諱也經義如此而陳澔集說乃云夫人之諱與婦之諱皆謂其家先世此語頗不可解經文下云婦諱不出門大功小功不諱二語自屬家中言夫人之諱自屬邦國言何得混云其家先世乎

士喪禮云賓不答拜曲禮云凡非弔喪非見國君無不答拜者是弔人之喪主人拜謝而賓但避之無答拜禮也余每弔喪常行此法而或以爲傲不知據禮經所言答拜乃反是傲也

檀弓從母之夫舅之妻二夫人（夫音扶）相爲服君子未之言也或曰同爨緦按二夫人者謂此二輩人也其稱從母之夫與舅之妻皆由己身推指之謂妻姊妹之子於從母之夫一輩人夫姊妹之子於舅之妻一輩人此二輩人皆無服者記者語簡略去妻

姊妹之子與夫姊妹之子耳而陳氏集說則云從母母之姊妹舅母之兄弟從母夫於舅妻無服所以禮經不載又曰時偶有甥至外家見此二人相依同居者有喪而無文可據於是或人爲同爨緦之說以處之按依陳說是所云二夫人者乃指妻兄弟之妻即俗所謂舅嫂與夫姊妹之夫即俗所謂姑夫而言矣恐未盡善也夫妻兄弟之妻與夫姊妹之夫此二輩人相別甚遠男女嫌疑之際愼之又愼雖曰同爨焉得爲服且婦人於夫之姊妹有服者從其夫而服之也至夫姊妹之夫則雖其夫尚不爲之制服何論婦人若男子於妻黨惟妻父母而已於妻之兄弟尚無爲服何況妻兄弟之妻乎又且果如陳說則記者直云妻兄弟之妻與夫姊妹之夫而已何故別就旁人生出稱謂又不明指而乃煩注家加時偶有甥至外家七字以補救之耶然則陳說斷不

可從嫂叔之無服也蓋推而遠之也夫嫂叔固多同爨者其分又最親而先王以別嫌疑推而遠之不爲制服何況夫姊妹之夫與妻兄弟之妻乎從母之夫我謂之從母之夫也舅之妻我謂之舅之妻也是皆由己身推指之也猶云君之母與妻之喪是我之君母我之君妻也若如陳解則君母君妻豈屬姑婦言乎

陳子車之死其妻與其家大夫謀以殉葬而詭對子亢謂因疾時失養故用殉葬以補之子亢既正告之以非禮復以正語之不能必止其謀因亦詭言之曰疾當養者孰若妻與宰得已則已不得已則當以妻宰殉之於是弗果用此言眞有倉卒定變之才不爾不能止也陳氏集說云但言非禮未必能止之今以當養者爲當殉則不期其止而自止矣按此注不得語妙須云但

言非禮未必能止之今欲以請殉者爲殉則不期其止而自止
矣
爾以人之母嘗巧則豈不得以其母以嘗巧者乎一說則豈不得
以五字斷句訓以作已止也然以人之母以其母明明兩相形
對何得斷以字爲句且解亦甚拙按文云般爾以人之母嘗巧
則豈不得以其母以嘗巧者乎則病者乎噫言爾欲以他人之
母嘗試已巧則爾豈不能以自已之母嘗試已巧者乎而爾母
之死未嘗機封則毋亦於爾心有所病乎蓋般請機封向所未
有特其一時弄巧呈技耳公肩假知般母之死未必有此故即
以詰發其良心言爾於自已之母可以自主豈不得弄巧者乎
則毋亦病之而不爲者乎然三家視桓楹而般欲易以機封知
機封一事亦必制繁費重季氏之力可行若般之母則雖欲行

之而其勢有不能者公肩假亦明知其故特借此以折之使般
無可答也
仕而未有祿者君有饋焉曰獻使焉曰寡君注謂有饋於君則稱
獻出使他國則稱寡君按如此是人臣常禮於無祿之臣何別
且如此解則君有饋焉四字斷然不可通矣方氏謂仕而未有
祿若孟子之在齊其君以賓禮待之故其饋焉不曰賜而曰獻
將命之使不曰君而曰寡君此解甚妙使字即是將饋之使亦
大通
晉人之覘宋者反報於晉侯曰陽門之介夫死而子罕哭之哀而
民說殆不可伐也孔子聞之曰善哉覘國乎詩云凡民有喪扶
服救之雖微晉而已天下其孰能當之鄭注微猶非也孔氏正
義曰言晉之强盛猶不能當宋雖非晉之强天下更有强於晉

者誰能當之言縱有强者不能當宋而已是助語句也按此疏極明順萬不可易者而雲莊集說乃曰微無也孔子引詩而言宋國雖以子罕得人心可無晉憂而已然天下亦孰能當之甚言人心之足恃也按此但知微之訓無而不知微可訓非但知而已爲竭盡無餘之辭而不知此而已是助語之句遂至糾葛不可解於雖字下妄加以子罕得人心六字晉字下妄加憂字天下上妄加然字而既曰可無晉憂而已又曰天下亦孰能當之使兩語自相矛盾而義仍不暢乃又引一說云微弱也雖但弱晉之强使不敢伐而已然推此意則民既說服必能親其上死其長而舉天下孰能當之矣按僅不敢伐何云弱晉苟能弱晉何云雖但語又牽强無理況孔子此語是歎美覘宋者之辭謂覘宋者因子罕哭死而哀而民說之而知其不可伐夫苟民

說如此雖非晉國卽天下亦孰能當之蓋晉一國小而天下大晉一國弱而天下強合天下之強大尚不敢伐民說之國而況區區一晉國而可伐之乎大意如此今集說並作歎美子罕之辭則上文善哉覘國乎全無著落矣　微非也確不可易呂覽離俗訓曰神農黃帝猶有可非微獨舜湯微獨舜湯者非但舜湯也（高注微亦非也）國策趙策曰微獨趙諸侯有在者乎微獨趙者非但趙也皆非訓微爲非不可而雖微二字則更有確證國語晉語公孫枝曰子思報父之仇臣思報君之讎雖微秦國天下孰不患此二語與檀弓雖微晉而已天下其孰能當之二語句法毫髮無少異者夫苟晉國臣子皆思報其君父之仇讎雖非秦國卽天下亦孰不患之蓋秦一國小而天下大秦一國弱而天下強合天下之強大尚無不患之而況區區一秦國而能無患

乎然則由國語觀之檀弓而已二字孔謂助語之句亦確不可易如此確注確疏而陳氏故舍之而別生異義一義不足更增一義而皆無是處眞不知其何心也韋注國語亦訓微爲無亦極不通語詳余國語雜記中

曾子問記喪之二孤云衛靈公適魯遭季桓子之喪衛君請弔哀公爲主客入弔康子立於門右北面公揖讓升自東階西鄉客升自西階弔公拜興哭康子拜稽顙於位有司弗辯也今之二孤自季康子之過也注云辯正也疏云謂當時執事之有司畏康子之威不敢辯正也愚按衛君弔魯臣則魯君主其喪喪服小記所云諸侯弔於異國之臣則其君爲主是也特孝子不敢當主但哭不拜主喪之君則但拜謝來弔之客而不必哭也今魯君哭而康子拜是兩失也孔子謂康子之過者爲君諱也而

辯字則當訓爲辨別之辨謂二人皆拜當時執事者直不能辨別何人之爲喪主也只是叙事之辭非追咎當日之有司也讀上下文氣自見

男子三十始娶此記禮者妄言不足憑信傳記所載他姑勿論即如文王之生伯邑考孔子之生伯魚皆在十四五歲豈有周公制禮而不法文王者豈有孔子娶妻而不遵周禮者　傳曰國君十五而冠冠而生子或曰惟國君始蚤娶耳庶人則必三十也信若是已無解於孔子之生伯魚矣且吾更有證者方舜之在下也固庶人也三十徵庸舜猶未娶核諸禮家之說其時不過應娶之年乃何以盈廷師錫直稱有鰥孟子曰老而無妻曰鰥可知三十未娶過時已久故孟子至以無後不孝言之由此益見禮說之妄

禮父在爲母期舊唐禮儀志載上元初則天上表稱三年在懷理
宜崇報若父在爲母服止一期尊父之敬雖周服母之慈有闕
且齊斬之制足爲差減更令周以一期恐喪人子之志今請父
在爲母終三年之服高宗依議行焉按則天此言不無私意然
論實有當於人心不可以人廢也乃開元五年右補闕盧履冰
上言謂雖則權行有紊彝典請仍舊章庶叶通典上令百官詳
議時刑部郎中田再思建議謂禮經五服之制齊斬有殊考妣
三年之喪貴賤無隔以報免懷之慈以酬罔極之恩者也禮云
五帝殊時不相沿樂三王異代不相襲禮重輕從俗斟酌隨時
禮不從天降不由地出在人消息爲適時之中耳父在爲母三
年行之已踰四紀出自高宗大帝之代不從則天皇后之朝大
帝御極之辰中宮獻書之日往時參議將可施行編之於格服

之已久前王所是疏而爲律後王所是著而爲令何必乖先帝之志阻人子之情虧純孝之心背德義之本有何妨於聖化有何紊於彝倫而欲服之周年與伯叔母齊焉與姑姊妹同焉夫三年之喪如白駒之過隙君子喪親有終身之憂何況再周乎夫禮者體也履也示之以迹孝者畜也養也因之以心小人不恥不仁不畏不義服之有制使愚人企及衣之以衰使見之摧痛以此防人人猶有朝死而夕忘者以此制人人猶有釋服而從吉者方今漸歸古樸須登孝義抑賢引愚理資寧戚食稻衣錦所不忍聞若以庶事朝議一依周禮則古人刑政今不行者不可勝述何獨孝思之事愛一年之服於其母乎可爲痛心可爲慟哭者再思語甚詳皆極痛快而當時紛議不定履冰又再上疏辨論謂上元肇年則天已潛秉政將圖僭纂預自崇先請

升慈愛之喪以抗尊嚴之禮垂拱之末果行聖母之僞符載初之元遂啓易代之深釁孝和雖多反正韋氏復效晨鳴孝和非意暴崩韋氏旋即稱制臣謹尋禮意防杜實深若不早圖刋正何以垂戒於後語極巧辨然而呂雉危漢不必先改禮文而謂武曌傾唐必先預定喪制乎梟獍弑逆史不絕書此豈度量喪制而後行大事者乎假令定制子不喪母遂可以絕武韋覬覦之心乎履冰之言可謂兒語矣而元行冲又附和盧說謂捨尊壓之重虧嚴父之義亦不知其何心也堯典曰百姓如喪考妣三載論語曰子生三年然後免於父母之懷予也有三年之愛於其父母乎考兼妣言父並母稱似三年通喪二人未有區別惟齊斬異耳禮記多七十子之徒所爲其云爲母期者恐三代盛時必不爾也此事當詳考之

祭法稱父爲考祖爲王考曾爲皇考高爲顯考始祖爲祖考今稱祖爲王考猶古也皇字自南宋始禁不敢用而稱高祖爲顯考則世所絶無者矣

孔子閒居篇孔子以五至三無告子夏而曰志之所至詩亦至焉子夏問何詩近之孔子告以夙夜基命宥密云云及子夏問五起孔子又告以無聲之樂氣志不違云云愚按此段中之氣志不違威儀遲遲內恕孔悲氣志既得威儀翼翼施及四國氣志既從上下和同以畜萬邦日聞四方日就月將純德孔明氣志既起施及四海施于孫子凡十五句並是詩詞蓋子夏先問何詩近之又問言盡於此而已乎而孔子告之如此則仍引詩爲證故應氏謂大抵援詩句以發揚詠歎之蓋贊美之不已也而十五句中如施于孫子日就月將以畜萬邦之類已見三百篇

中其他即是詩中逸句自來搜羅逸詩者從不及此可怪也
石梁王氏說坊記謂既有子云又引論語曰不應孔子自言因知
皆後人爲之愚按凡云子者未必是指孔子凡弟子記其先師
之言皆可稱子後人見一子字盡以屬之孔子遂往往有不可
通者猶之詩中多稱君子焉能篇篇知其所指何人若謂是作
者僞造假託則不應故引論語以露破綻也
壻稱妻父母爲外舅姑向疑謂我舅者吾謂之甥孟子館甥貳室
彼謂我甥故轉而舅之別於舅氏之稱故外之旣舅其父故姑
其母別於父之姊妹故外姑之蓋其稱謂源流輾轉當如此後
讀坊記則壻直稱妻父母爲舅姑子云昏禮壻親迎見於舅姑
舅姑承子以授壻成氏曰婦人謂夫之父母曰舅姑男子亦謂
妻之父母曰舅姑夫婦齊體父母互相敬也特爾雅實稱外舅

外姑坊記無外字者蓋是省文若後人行文稱女父母而曰此吾舅姑也必將有噴飯者矣

喪禮哭踊踊雖是儀節然亦悲哀之極出於人之自然者也問喪篇曰悲哀志懣氣盛故袒而踊之所以動體安心下氣也如此說則是養生法矣恐與先王制禮之意相去甚遠

問喪篇文法甚佳其猜測先聖制禮之意容或有不必然者如云三日而不生亦不生矣孝子之心益亦衰矣揆之人情原不過如此然遽加以益衰云云似非仁人孝子之言其篇末云禮此一字當絕句義之經也非從天降也非從地出也人情而已矣是則能知所以制禮之心者

三年問是天地間一片至文讀之能令人油然生孝弟之心處三年之喪者大約朝死而夕忘耳故此篇痛哭流淚以啟發人

之良心而以大鳥獸小鳥獸爲譬喻使稍有血氣者讀之無不淚下　此篇全出荀子禮論字句稍有異同耳古今之所一也以上並荀卿文荀卿此下論君喪亦三年之故甚詳記者删之而孔孔子語以爲結荀卿之學本無愧於孟子學者耳食而抑揚之遂覺軒輕太過即如此篇入之禮記讀者以爲至文若在荀子書中亦不爲奇　此篇文氣醇厚遠過西京在荀子何嘗有意爲文而自然是至文此周秦兩漢之別也　然而從之之從當依荀子作縱從即縱也謂放縱而隨之也若作如字讀無是處矣　三年問中有然則何以至期也一段解家謂父母本三年何以至期是問其一期應除之義故期而練男子除絰婦人除帶云云愚按非也此期字是指期服之喪與父母三年之喪無涉作者謂喪至期年天地已易四時已變以是象之故至

親以期斷言凡處兄弟祖父母妻子之喪皆至親也可以期斷也而至於父母則雖期不足必以三年故下云加隆焉爾也言加隆於他至親之喪非謂父母之喪本期年而吾特爲之加隆也反復文詞必當如此解說故下又云由九月以下何也亦是從三年之喪推言之於大功小功若以期指父母言則下文期九月緦小功並不可解矣

小戴選大戴禮四十九篇爲禮記而傳之學者行之後世著之學官則必小戴皆精義而大戴皆糟粕也乃以今觀之殊多不然大戴中無論其他即夏小正一篇可以刪乎小戴禮無論其他即儒行一篇可以存乎是非倒置之事古今往往有之不意聖賢經傳乃亦有幸不幸耶

儒行純是策士聲口無論理義即其句法如道塗不爭險易之利

冬夏不爭陰陽之和愛其身以有待也養其死以有爲也試取以雜之他篇必不能亂楮葉也又曰其過失可微辨而不可面數也此非特去聖人萬里即稍稍有容之君子可語此乎未云孔子至舍哀公館之聞此言也言加信行加義終沒吾世不敢以儒爲戲與庸妄策士自誇大者不遠余謂國策中尚無如此衰薾文字直是漢高嫚罵儒生之時不得志者妄爲之耳高穢敏乞

高宗弗寫儒行賜臣下

鄉飲酒義篇自孔子曰吾觀於鄉而知王道之易易也至故曰吾觀於鄉而知王道之易易也凡五節並是荀子樂論篇文

喪服四制篇首云凡禮之大體體天地法四時則陰陽順人情故謂之禮訾之者是不知禮之所由生也蓋作者當時正當墨翟之教盛行著書非儒謂禮不必制喪不必行之時作此篇者必

係七十子之徒痛邪說之橫行有感而爲此言以詳說乎喪禮所以如此之故蓋其衛道之心不在孟子下也

大戴禮

衛將軍文子篇稱高柴之行云往來過人足不履影注謂不履人之影謙愼之至也此說吾甚疑之夫必日月燈燭之下而後有人影吾足欲履人影而人影已在吾足上矣即欲履之何能履之而以此爲謙愼恐高子之愚不至是也家語弟子行篇作往來過之足不履影王肅注言其往來常迹故迹不履影也語頗難解日本太宰純增注本正文小注皆有圈斷句此注以言其往來常迹六字斷句愈不可解吾細繹之蓋常迹故迹四字連文不履影也四字是申明之詞猶云不履影者言其往來常迹故迹也蓋影字只作迹字解雨露之時霜雪之下沙土之上皆有履迹高子行步不爽分寸步步在舊迹上

其迹分明故曰足不履影不履影者謂不踏壞其舊影也反是
而亂其步趨履迹縱橫舊影不可復見是履影矣語意似略奧
而理實較禮注爲長　大戴作往來過人故盧注如彼家語作
往來過之故王注如此皆望文生義也家語雖出王肅僞造然
其所見大戴實古於盧氏
臨海洪頤煊注孔子三朝記又自爲音義云中引衆說存者稱名
歿者稱官此例已爲罕聞而又曰或有歿而稱名存而稱官者
別有所取不在此例則今古存歿益令人茫然矣即如時人之
中孔檢討阮中丞則稱官王念孫陳壽祺則稱名則未知孔阮
之稱官爲已歿乎爲別有所取乎王陳之稱名爲生存乎爲別
有所取乎且所謂別有取者不過以其人之賢否別之乃其於
古人惟鄭司農鄭君盧僕射數人不稱名餘如董仲舒高誘包

咸馬融王肅杜預韋昭徐邈徐廣張守節楊倞楊簡無不稱名者已爲狂妄之極至引古書如曰莊周書韓非書賈誼書又如淮南王書呂氏春秋楊子法言稱名稱爵稱子稱氏顯然區別是豈亂國之呂不韋謀反之劉安仕賊之楊雄反賢於長沙江都諸大儒耶處士橫議一至於此是亦世道人心之害也

煙嶼樓讀書志卷第四

鄞蘧學齋徐方來
弢士用活字板印

煙嶼樓讀書志卷第五

鄞 徐 時棟 同叔

經五

左傳

杜氏於孟子卒下注曰無謚先夫死不得從夫謚正義曰言婦人法無謚也不得從夫謚解其不稱惠也按既云婦人無謚則下文何以有聲子杜氏明云聲謚也既云先夫死不得從夫謚則下文何以不稱惠子而稱仲子仲子卒於隱之二年是明明後夫而死者也不必旁稱博引但就本傳下文數語讀之便已矛盾如此且婦繫夫謚春秋時不必爾也聲子成風或是次妃而桓夫人何以曰文姜莊夫人何以曰哀姜並後夫而死者也

杜氏釋例曰婦人無外行於禮當繫夫之謚以明所屬愚謂此亦臆度之詞春秋中王后小君何嘗並援此例若謂末世滋蔓爲之作謚正法實無謚也此孔氏穎達說則正法定禮孰有逾於周初者乎周公既制謚法始自文武若太王之妃曰周姜王季之妃曰太任無論矣而文王之后何不曰文姒而曰太姒武王之后何不曰武姜而曰邑姜此雖元凱復生不能答也　前儒謂婦人從夫謚愚既有說以非之矣而未盡也左傳中婦人各有謚如文姜哀姜之類悉數未易終物而其以夫謚爲謚如鄭武之武姜衛莊之莊姜則是史不知其謚遂因夫謚稱之猶云鄭文夫人芊氏姜氏僖二十二及宋桓夫人許穆夫人閔二楚莊夫人襄九晉悼夫人襄三十類耳傳屢稱宋襄妻爲襄夫人而文十六傳又稱夫人王姬注襄夫人周襄王妹故稱王姬正史官不能知列國婦謚之明證今

稱某夫人則知非謚簡其文曰武姜莊姜即謂婦人從夫謚然則傳稱晉懷之妻曰懷嬴豈此婦改嫁晉文死而猶許其從前夫謚耶況此婦死後實謚辰嬴明見傳中然則其曰懷嬴者不過謂是懷公之妻耳而武姜莊姜有何異耶　或謂衛莊之正妻曰莊姜其妾曰厲嬀戴嬀蓋惟正夫人得從夫謚耳愚亦以爲不然即如魯之文姜哀姜皆正夫人也而僖十七傳齊桓夫人三王姬爲第一乃莊十一傳云齊侯來逆共姬共姬即王姬何嘗從夫謚耶傳於不知婦謚者輒以夫謚稱之其既不知婦謚而又數婦同一夫則不得冠夫謚或以其姓別之如文夫人芊氏姜氏是也或以其國與姓連稱之如邾文公元妃齊姜二妃晉姬(文十四)齊侯夫人三王姬徐嬴蔡姬如夫人者六長衛姬少衛姬鄭姬葛嬴密姬宋華子之類是也亦有僅知一婦之謚

不知他謚則此有謚之婦亦從同以國姓稱之如王姬謚共姬長衛姬亦謚共姬僖十七而連他人敘之則但稱王姬長衛姬而已此等皆因文見義本無定例讀傳者當會通之耳

是以隱公立而奉之杜解謂桓尚少是以立爲太子帥國人奉之愚按此解非也夫己爲君而立桓爲太子則隱將以桓爲臣子耶己不爲君而帥國人奉此太子則隱將置己於何地耶隱公在位禮樂征伐悉自己出未嘗一請命桓公而嘗自稱寡人所謂帥國人奉之者安在耶鄭衆解謂隱公攝立爲君奉桓爲太子是眞己爲君而桓爲太子矣必無此理賈逵解謂隱立桓爲太子奉以爲君既曰爲太子又曰爲君語已矛盾且十一年中發號施令何嘗奉爲君耶故杜皆不從也而杜說亦未安愚謂是以隱公立五字當爲一句而奉之三字爲一句鄭解上句是

也解下句誤而奉之者不以桓爲臣子而尊奉之也不視爲臣子即是尊奉之不得說奉之爲太子也春秋經於十一年中全以君禮待隱公是即隱公立之實也元年不即位行還不告廟不臨惠公之葬不成聲子之喪尊仲子爲夫人薨則赴於諸侯又爲之立廟上皆孔疏語是即奉之之實也如此則傳義明白曉暢賈杜皆以立而奉之四字連讀而傳意晦矣 鄭云奉桓爲太子賈杜云立桓爲太子語雖不同而皆以桓之太子爲隱公所奉立也愚則謂桓公之太子早立於惠公之世何以明之惠公既以仲子爲夫人夫人之長子即是太子觀子同生而以太子生之禮接之可見況隱元傳云惠公之薨也有宋師太子少葬故有闕此豈待隱公立奉之而後爲太子者哉而孔疏乃以惠薨太子少之文證杜之隱立爲太子殊覺麤疏 隱公之攝與

周公之攝迴別周公之攝攝政也隱公之攝攝位也故尙書所稱王曰皆指成王且明有周公曰王若曰之文此豈自稱寡人史稱爲公者之可例乎隱公實即君位而其心則謂此實桓之位而吾權時即之者故十一年傳云爲其少故也吾將授之矣授之云者猶曰還之也左氏即隱之迹窺隱之心以爲雖在位而實則權即之故曰不書卽位攝也而盟篋傳曰公攝位盟宿傳直曰公立公羊述宋穆公語云吾立乎此攝也正與同意然則謂帥國人奉桓與謂奉桓爲君者皆非也

隱元年食舍肉舍作棄字解吾不知其作何棄法推而遠之耶徹而去之耶顯與本事違異矣按當作藏字解便無窒礙凡舍字字義有數解然如屋宇之舍棄置之舍無不含藏字意者

僖九年傳記晉事云以是藐諸孤杜解言其幼賤與諸子縣藐正

義曰藐者縣遠之言諸子皆長而奚齊獨幼是小大相去縣藐也藐諸孤者言年既幼穉縣藐於諸子之孤按杜解惟賤字不妥是時奚齊已立爲太子何賤之有孔氏不疏賤字但云幼穉疑賤即穉之譌若其解義則以幼穉與諸子縣藐七字解一藐字諸孤即作之孤解謂以此幼穉與諸子縣藐之孤辱在大夫也語極順適孔氏誤會其旨以幼穉縣藐貼藐字以諸子貼諸字而疏作縣藐於諸子之孤轇轕不順語頗無理近時胡氏廷佩鳴玉訂譌雜錄則云幼賤貼是字指奚齊諸子貼諸孤謂羣公子縣殊杜本藐字此作殊字誤解藐字言此幼穉之奚齊縣絕於諸子之貴長義本如是若以藐爲眇小意則孤字應指奚齊諸字將作何解天下有是句法乎今人裂取藐諸孤三字作孤子眇小用沿襲已久不覺其非按胡意是以諸訓衆據其所說將以是

藐諸孤五字當解作以幼賤縣絕貴長衆公子此非特古無此句法即今亦無是句法也而下句所謂辱在大夫者幼賤之奚齊在大夫乎抑貴長之羣公子在大夫乎然且奚齊既立爲太子而重耳夷吾是時並亡人太子賤而亡人反貴是又何說乎又曰獻公所暱愛者驪姬姊娣之子奚齊卓子也而所鄙惡者申生已死其存者不過重耳夷吾耳二人與二人相對待又何得以亡者二人爲衆公子乎是孔氏既謬而胡氏則謬之又謬者也至以孤字指奚齊便謂諸字無解則更謬諸字作之字解謂以此藐小之孤可也諸字作語助辭藐諸二字連文猶云藐然藐爾謂以此藐諸之孤亦無不可也文義並極穩當明白而何不可解之有孔疏惟諸字誤解其孤字亦指奚齊

箕子之過明夷當時憫之後世諒之他日訪範陳疇不得已也至

於輿朝分封宗藩此與勝國孤臣有何干預而左傳云唐叔之封也箕子曰其後必大此箕子恐當有誤

鄭商人以十二牛犒師僞爲君命以示有備且即使告於君以備之而秦師果在算中滅滑而去或曰今之商人但知謀利而已苟有利雖獻國不恤也焉得如鄭商茲高者乎余謂此固當時風俗之厚然亦有不盡然者觀昭十六年傳子產告晉卿謂鄭國與商人世有盟誓以相信也其盟詞曰爾無我叛我無强賈毋或匄奪爾有利市寶賄我勿與知然則鄭國商人與其君世有盟誓蓋必其初有大功於鄭不願在朝而願子子孫孫世爲商人故與國同其休戚終春秋之世有功於國絕無依勢作威與聞國政者呂覽悔過篇載茲高矯鄭君命詞較傳爲詳文極雅馴又載三師答詞謂是迷惑陷入大國之地蓋當時掩旗息

鼓而來及爲商人消破赧於致詞姑以此對犒師人也

古人銘功其得意與後世同而名號之閒無所忌諱則與後世絕異如叔孫獲僑如以名宣伯是以夷狄盜賊之名名其子也今人所必不肯也又如楚子轘夏徵舒滅陳後因申叔時之諫而封陳鄉取一人以歸謂之夏州不曰陳州而曰夏州是又以亂臣賊子之姓姓其州也亦今人所必無者

僑如之弟曰焚如焚如之弟曰榮如季弟曰簡如兄弟以一字爲行第自此始

左文十八年傳襄仲殺惡及視而立宣公後人乃謂季文子與其事此苛論也宣公方立即有莒太子僕奔魯一事宣命與之邑而文子命司寇出諸竟及公問故則使史克對公甚詳中有莒僕弑君父語如果文子身與弑逆則授邑黨惡且不暇何肯出

之又安肯直言弑君以自翹其過耶況傳文無一字及文子而必欲於傳之外求之注春秋者之通病也爲是說者不過以宣十八年傳季文子言於朝曰使我殺適立庶以失大援者仲也夫遂謂此語是文子自己供狀所以補前傳之未及不知使我者猶曰使我魯也使我國家也非謂己也殺適立庶襄仲可使文子而失大援則不可使也此語重在失援上則使爲致使之使而非使令之使明矣況下文即接臧宣叔怒曰當其時不能治也後之人何罪若果文子身與其事宣叔之怒詰之者豈僅在先後閒耶亂臣賊子春秋所必誅者論語曰季文子三思而後行子曰再斯可矣若果文子躬與弑逆恐孔子必無此寬論也且三思後行是統括文子生平若旣爲弑君之賊何足挂齒試問其當行大事之日三思乎再思乎但讀論語便知左氏

之未嘗失出也文子不能討正是三思之病至莒僕弑君事傳明明曰僕因國人以弑紀公而趙匡乃以經不書僕弑遂謂因字是因緣之因非因附之因也而又見以弑之以字不可通遂毅然欲改以字作之字此眞妄論可笑傳曰夫莒僕則其孝敬則弑君父矣明白如此而妄論之耶而姜氏炳璋補義極是之且欲以此坐實季文子之罪不知何故一失入一失出如此

問春秋何以不書莒僕弑君曰不告不書史官常例未修春秋所無孔子焉能益之

趙盾許世子二獄極爲後世所駁吾謂公穀誤之而左氏未嘗誤也許世子之弑君左氏明云飲其藥而卒是明明以藥弑之者並未與經旨違異自有不嘗藥之說以起後人之疑而左氏無此說也至趙盾之弑君左氏據晉策書記其事雖爲盾諱而所

以實其罪者不一而足後人自不解耳　公羊宣六傳趙盾躇
階而走靈公有周狗謂之獒注周狗可以比周之狗所指如意
按此解甚迂曲周狗蓋得之於周者耳　太史責盾以亡不越
竟反不討賊而盾謂自詒伊慼夫亡不越竟此已事不能追改
者若弒君之賊則固儼然在國也盾苟無愧於心何難取而戮
之以免此慼而乃非惟不討而又使此賊逆新君以蓋其弒逆
彌天之大惡然則桃園之攻誰實使之左氏書曰趙穿攻靈公
於桃園又書曰宣子使趙穿逆公子黑臀於周而立之由後概
前而知趙穿攻靈公上隱隱有宣子使三字在至記孔子之言
雖眞僞不可必而即其所記亦自有意曰董狐古之良史也書
法不隱夫不隱何也謂不沒其實也狐書盾弒君爲不沒其實
則盾之弒君不已實乎曰趙宣子古之良大夫也爲法受惡夫

法者何也謂不沒其實之書法也狐據不沒其實之法書盾弒君而盾甘受此惡名則盾之弒君不更實乎謂之古之良大夫者謂較勝於今之大夫如崔杼之屢殺史氏弒其君而尚不肯受其名者耳曰惜也越竟乃免則尤誅心之論謂汝既弒君而欲免此惡名則惟有越竟而去終不反國使國人不能得主使者之名而後乃可耳而今何如乎語語是坐實盾罪而讀者不察也趙氏匡謂作傳者不達董狐之意遂附會爲孔子之言朱子亦以孔子之言爲左氏僞造而譏其識見甚卑

太史曰子爲正卿亡不越竟反不討賊非子而誰孔子美之曰書法不隱春秋弒君多矣爲正卿而亡越竟反討賊者曾有幾人若據此法則凡弒君之獄盡歸罪於正卿可矣且亡不越竟反不討賊而卽謂之弒君之賊此在周公之禮孔子之春秋爲何法乎假令陰使人賊其君已則出竟以俟聞既弒而反而姑

取一人焉以爲賊而殺之而遂可以免此名乎語非正理必有深意此在後人善體會之大約當左氏時正晉三家强盛之日晉史之粉飾其詞不待言矣久之又久至立趙武時尚曰宣孟之忠夫國史明書弒君而尙謂之忠則誰不忠者蓋晉史終爲之飾如此而左氏危行言孫亦必有格格不能盡吐者然而既傳孔子之經不容與經背也故所記雖據晉史而旁敲側擊使讀者於言外自得之此則左氏當日之苦心也已

公使鉏麑殺盾而麑死於趙氏庭槐之側誰殺之乎曰觸槐而死則自殺矣而乃述其臨死之言誰聞之乎其言曰賊民之主不忠棄君之命不信夫靈公雖無道非民之主乎而盾弒之非賊民之主乎此子也才吾惟子之賜不才吾惟子之怨非先君之所以命盾者乎而盾相靈公而至於不君非棄君之命乎惝怳之言正所以實盾罪者　田首山見靈輒曰宦三年未知母存

否今近焉杜注云家近是靈輒其名也首山之下其居也乃至免盾之後而曰問其名居不告而退夫既不告而退則前所述歷歷之名居誰知之而誰能記之乎然則靈輒實盾之私人其與爲公介實盾陰使之在公左右以窺伺公者至於既得其死力而故爲不識其人也者而故問之以掩人耳目而左氏亦遂顛倒恍惚其詞而書之然則公徒之中倒戟者多矣此所以伏甲未攻而已有搏獒者之知之也

傳記靈輒事云問其名居不告而退遂自亡也杜注云輒亦去愚按自亡當謂宣子不當謂輒此遂字跟上問字來自字指宣子言宣子問輒輒退後已亦遂亡去如此則自字不至費解亦如此而下文宣子未出山而復句及亡不越竟亡字並有根杜解誤矣

宣二年傳記宋事云宋城華元巡城城者謳而嘲之元使其驂乘

解嘲而城者又嘲之於是元謂驂乘曰我曹姑去之耳夫彼城者之口衆而我寡也此夫字必當讀作扶語固易曉故杜無解乃林唐翁以夫字斷句注云言此役夫（注語亦甚晦）是以去之夫三字爲句則吾不知役夫方築城將使其去之何所乎又不知下句其字將指何人乎若去仍是元去謂去彼役夫之所則文當云去此夫不當云去之夫也去之夫當解爲往至役夫所矣又況上文稱城者稱役人並無一夫字此突稱爲夫古人亦無此文法也胡氏訂譌雜錄謂左傳夫應讀扶陸氏必音此獨無之故知林說爲不易夫使陸氏以夫字注如字或音方于反雖一家之說猶足據也今不過偶然無音而遂謂必如字之證其證已不確然而其所謂遇扶必音者必當可信也乃吾翻閱釋文則隱三年傳夫寵下注云音扶發句之端後倣此此後本年傳

且夫四年夫州吁夫兵五年若夫山林夫舞十一年夫許以至桓二年夫德夫名絕無一音之者然則此傳之夫其非所謂發句之端乎其不音扶字非即在後倣此之例乎而胡氏乃曰必音曰獨無釋文俱在吾誰欺乎近吾作文遇使事時懶檢原書即以類書爲據往往受誤乃不意國朝考據家著考據書號曰訂譌而亦信口妄說大譌如此於是愈不敢信人書矣　去之夫三字爲句亦可而亦當音扶隱三年命以義夫亦以夫字收句也特下句其口衆不如夫其口衆之妙此未易爲麤心人道者　吾又反覆林注或林讀去之爲句夫一字爲句故注云言此役夫意謂我等去之此輩役夫口衆而我寡也語似稍通然而其字贅設矣總之讀如夫字顚之倒之全無是處　吾既咎胡氏妄據釋文因取左氏音義詳檢之而詳言之恐挾彈者不

顧其後而更爲人所笑也按釋文音夫爲扶者多音句末夫字矣夫杜序成十二義夫隱三此夫僖十五襄三十哀二十七也夫僖二十四宣十二又十五又十六又十八成二又七又八又九又十四又十六襄三又十三又二十四又三十又三十一昭元又十四又十六又二十七哀十一有任是夫成二如是夫襄三十一和夫昭二十不笑夫又二十八又多音句中夫字與夫文十三嗾夫獒宣二謂夫成十六則夫又襄二十七故夫昭七以夫又請夫又十六舍夫又其亦夫有哀十六又音地名夫字夫鍾桓十文十一夫渠成十六夫椒哀元又音人名夫字夫差定六又十四又音夫人當讀扶人者僖三十襄八又二十六又三十一昭元又十又三十一定三又襄公以後多音且夫襄十九又二十四又二十八昭元又十二定四哀八而至句端夫當讀扶者則自隱三年夫寵發例以後傳中發端之夫不知凡幾而總不一音者其偶音者如襄公二十六夫不惡女乎昭元夫豈不愛又十六夫猶鄙我哀元夫先

自敗也已又五夫非而讐乎哀六夫孺子何罪則皆恐以夫指人讀若是夫也女夫也（昭六杜注夫謂華亥釋文夫音方于反）之類故特音之此外明明發句之端以爲義甚明曉無庸音也故僖二十四年明出夫祛二字而但音祛字起魚反總不音夫字不意尚有林氏者竟不知夫其爲發端而讀方于反而更有胡氏者妄信之而且以誣釋文眞可笑也且釋文於文二年役夫注曰如字役夫賤者稱夫彼已明言役夫猶音注之如此今此傳僅一夫字若陸氏亦解作役夫豈有不音不注之理釋文於昭七年故夫注云夫音扶又方于反又十四年義也夫注云舊音扶一讀方于反是可兩音者亦必注之而無此注其但音扶而必不可兩可知又釋文於襄三年能舉善也夫注云音扶絕句一讀以夫字爲下句首（又三十年不信也夫又三十一年如是夫並同）是讀扶字而可屬上句屬下

句者亦必注之而此無注其音扶而必不可屬上句亦可知

宣三年傳云鑄鼎象物胡氏曰左傳以爲鼎者圖象百物而爲之備誣奐禹所鑄者別九州之分野差田土之高下定貢賦之式度立井田封建之經界鑄於鼎以爲萬世準耳愚按此等語眞足令人齒冷夫王孫滿者親見此鼎者也今以生後千百年之人起與之爭而强辯之曰不如是也必當如是有是理耶宋儒往往自執一理與古人爭是非此鼎秦人尙得見之故有圖象四五事在呂覽中今試以此語胡氏必將極駁呂覽何則左傳尙不可信何況呂覽且使此鼎至今尙在亦必悍然不信以爲贗鼎此亦無奈古人何也

宣十四年九月楚人圍宋至明年五月始解兵臨城下九閱月之久析骸易子幾將亡國僅藉詭計劫楚將而後得求成而尙以

華元爲質其辱甚矣其禍烈矣原其所以致禍則華元之殺楚申舟故也其所以殺申舟則非惟過不假道實以申舟嘗抶宋公之僕故也而申舟所以抶宋公之僕則實華元之父華御事致之元之言曰過我而不假道鄙我也鄙我亡也殺其使者必伐我伐我亦亡也亡一也乃殺之而文十年楚將以陳鄭蔡之師伐宋華御事曰楚欲弱我也先爲之弱乎何必使誘我我實不能民何罪乃逆楚子勞且聽命遂道之以田於其國中之孟諸而宋公爲之右盂以至有違命抶僕之辱夫逆之而聽命又道之田國中此其辱百倍於假道其君儼然爲之左右此其辱亦百倍於抶僕乃御事方以國小民無罪隱忍受辱願爲之弱而元乃不忍小忿逞一時之快而幾至於亡國乎且惟宋願聽命所以因違命而敢抶其僕惟嘗田孟諸而君爲右盂所以因

出使而敢不假道是二者之辱皆由御事若元以爲辱則御事爲無恥若元爲善於謀國則御事爲不忠然則元之殺申舟禍其國辱其身而且逆其父矣

成十年傳晉侯欲麥使甸人獻麥饋人爲之召桑田巫示而殺之林曰饋麥之人爲景公召桑田之巫以其言不食新故示以新麥而殺之愚按饋人爲之四字當句饋人猶饔人爲之者煮熟之也爲字讀如論語爲黍之爲何得讀作去聲

又傳云六月丙午晉侯欲麥周六月正夏四月麥始熟之時景公聞桑田巫不食新之語急欲食麥矣豈肯麥早熟於四月而遲之六月始欲食之之理然則晉用周正明明如此而先儒必謂晉獨用夏正者何也

煙嶼樓讀書志卷第五

著雍涒灘之歲孟秋月鄞徐氏遂學齋印

煙嶼樓讀書志卷第六

鄞　徐　時棟　同叔

經六

左傳

襄十四年傳叔向見叔孫穆子穆子賦匏有苦葉叔向退而具舟杜注謂義取於深則厲淺則揭愚按非也匏有苦葉之詩言濟河而徒涉者權也厲揭皆涉也必以舟而濟爲正故末章言招招舟子人涉卬否以喻昏姻而不備禮者權也必備禮而娶爲正語詳余山中學詩記中然則穆子之賦此詩正與叔向之具舟鍼鋒相對當云取招招舟子人涉卬否

襄二十一年傳晉欒盈出奔過周周西鄙掠之盈致辭於周行人

謂陪臣得罪於王之守臣將逃罪罪重於郊甸釋文重直用反愚按此重字當平聲謂既得罪於晉而至周又爲鄙人所掠是再得罪於王之郊甸也故下云無所伏竄杜注云重得罪於郊甸是已而釋文以注中重字亦作直用反皆誤　又按守臣注謂范宣子爲王所命故曰守臣愚按此守臣似當指晉君謂天子守土之臣傳稱先守某公可證故不必如二守國高之專指命卿也　昭七年傳夫子從君而守臣喪邑是謝息於孟孫稱守臣以息爲孟孫守成邑也今曰王之守臣是欒盈爲其君於天子稱守臣以其君爲天子守晉封也故玉藻曰諸侯之於天子曰某土之守臣某

襄二十五年傳云不爲崔子其無冠乎杜注言雖不爲崔猶自應有冠孔疏公意言冠易得不足惜縱使餘人不爲崔子者其可

無冠乎況崔子富貴其當自有冠也愚按注不達疏誤解蓋公意謂冠亦甚多豈必崔子而後有此冠乎不爲崔子猶云非崔子拒諫之遁辭也疏不足惜三字已誤縱使餘人二句尤誤崔子富貴二句更覺無謂之至不特不解傳意幷全不解杜意也

襄二十六年傳云夫不惡女乎杜注夫謂太子也是讀夫爲如字矣似不如讀音扶之妙釋文云音扶注同謂注中扶字當並音扶也

襄二十九年傳夏四月葬楚康王林謂經不書葬略夷狄也按是時公及陳侯鄭伯許男送葬至於西門之外成十年葬晉景公春秋不書傳曰公送葬諸侯莫在魯人辱之故不書諱之也然則襄二十九年之不書葬豈非因公送葬而諱之乎傳不發例遂無知者而林氏遂以爲略夷狄之故又按春秋或書楚子某

卒而從無書葬者先儒謂楚稱王春秋不能書也故削之然春秋之例凡他國之君皆按其本爵書之至於書葬則無論公侯伯子男無不併其謚稱某公者是其於楚亦何難書楚某公乎或以魯未會葬不書或以襄二十九年之送葬其辱較甚於送晉景之葬故併其他君之葬而盡削之此皆不能懸揣者

襄二十九年季札見舞韶濩者曰聖人之弘也而猶有慙德聖人之難也杜謂慙於始伐愚按堯舜以前多以征誅得天下湯非始伐者也紀年等書謂湯禱旱得雨作大濩之樂語詳余逸湯誓考中疑此所謂慙德者卽指其禱旱時六事自責及萬方有罪罪在朕躬等語

吳公子札聘齊說晏平仲聘鄭見子產如舊相識適衛說蘧瑗史狗史鰌公子荊公叔發公子朝曰衛多君子未有患也按平仲

子產伯玉史魚公子荊公叔文子諸人並爲孔子所歎美見之論語可知季札好惡實與聖人同不獨其論韶樂與吾孔子深相符契也春秋時有如此人品而胡氏猶極力非議之眞不知其是何肺腑也

閔子馬曰禍福無門惟人自召解者謂無門言同一門出入也按此解非也凡造屋旣設一門則必有過門而入之人假令無門則不速之客無自至矣若禍福之來非見我有門而自入也乃是我召禍而禍始至我召福而福始來故曰禍福無門惟人自召也　誰能出不由戶凡人物之至必得其門而後入欲其入而閉之門彼將奚宜至哉若禍福之來則不然但使有人召之即無不可立至者不必其有門也故曰禍福無門惟人自召也此可以別存一說

昭元年子產放子南於吳子南與子晳爭妻之事實子晳曲而子南直況子晳專殺伯有久有重罪而子產畏之不敢討也又懼二人同朝必又有伯有之禍不得已執子南而數之以五罪而放之觀其將放而又咨於子太叔可見委曲從事非其本心若非明年聞子晳疾作急使吏數之以三大罪而殺之幾疑子產之放子南爲失刑矣嗟乎春秋列國皆亂國也鄭以小國而多權臣其爲政眞非易易當時卿大夫無賢於子產者而其用術如此後世儒者動執一理繩量人物其亦不知時勢者之言而已責備餘談上極責子產

昭元年傳云周公殺管叔而蔡蔡叔此事於詩書皆無的據僞古文據此衍作蔡仲之命而其事竟成實錄明郝氏嘗極論周公之未嘗殺管蔡殺管蔡者成王而非周公其說甚辨亦甚通余

按襄二十一年傳祁奚之言曰管蔡爲戮周公右王注謂兄弟
罪不相及是明明與昭元年傳相反呂覽開春論亦引祁奚之
言曰周之刑也戮管蔡而相周公蓋周成王之世正周公輔政
之時成王殺管蔡後世遂以爲周公殺之愚反復金縢鴟鴞竊
以爲昭元年傳文不及襄二十一年傳之確　吾極不信此事
旣以襄二十一年傳管蔡爲戮周公右王正之又以書之金縢
詩之鴟鴞反復之而吾言尤信今讀定四年傳而吾信益堅也
傳曰管蔡啟商惎閒王室王於是乎殺管叔而蔡蔡叔以車七
乘徒七十人其子蔡仲改行帥德周公舉之以爲己卿士見諸
王而命之以蔡夫曰王於是乎曰周公舉之是周公但以他日
舉蔡仲其前此殺管叔蔡蔡叔皆王主之而於周公分毫無與
可斷斷無疑也浸假殺管蔡蔡之事爲周公所與聞則此傳明

云周公相王室以尹天下他傳亦云成王周公之命祀公與王固常並稱何以此事獨不及公若謂周公相王公相之政即成王之政則命蔡仲爲卿士何以必稱周公況祁奚之言或是一時權詞而此則衛佗以蔡欲先衛特述其先世舊事以爭之者也周公之聖於成王至春秋時早有定論此傳亦明稱其明德若果周公與聞此事佗必將言周公殺之蔡之以懾蔡人之心而肯但言成王乎可知周公實不與知本事實是如此佗之所言蓋在周史掌故中而不容片言妄說者也然則合襄二十一年定四年二傳以正昭元年之傳則昭元之傳爲孤文矣抑吾更有說焉昭元云云者子太叔對子產之言也是時子產將放子南咨於子太叔子產之與子南皆穆公之孫也太叔之與子南同出游氏而太叔則諸游之賢者也子產慮禍及國君不得

已而放子南太叔灼知其心故謂國政非私難而猶恐子產以放逐同祖兄弟爲嫌也故引周公殺管蔡蔡云云以慰安其心而申之曰夫豈不愛王室故也以爲周公之聖夫豈不愛惜兄弟而以王室之故至於殺之蔡之而子以國政放從兄弟何疑焉成王之殺管蔡蔡適在周公輔政之世其事可以假借而遂不覺其言之如此然則襄二十一祁奚之言固非權詞而昭元子太叔之言則實權詞也苟有知者必然吾言乃僞造蔡仲之命者全竊定四年傳爲本而既竊之而復變亂其本事首云惟周公位冢宰正百工郎繼之云羣叔流言乃致辟管叔于商囚蔡叔于郭鄰降霍叔于庶人一一歸之周公而王於是乎四字竟若熟視無覩者是其心殆欲以定四傳暗合昭元傳而襄二十一傳則姑舍之雖由其讀書不精審不知襄定二傳爲實案

與詩書相表裏昭傳爲權詞與本事不相應然而尚有昭元傳爲據猶可說也乃至以流言坐羣叔而管蔡啟商惎間王室八字又竟若熟視無覩者則太鹵莽矣夫金縢之記流言者所以明周公居東之由也非罪也公居東二年而管蔡啟商亂王室杜注訓間爲亂則眞罪人矣王於是乎殺之蔡之若管蔡不啟商亂王室但是播布流言此非特周公不敢罪之即成王亦何至遽以爲罪而殺之而蔡之乎而況成王方以流言疑周公至於出辟而不之問居東二年而不之召是方德流言者之不暇而殺之而蔡之乎若如僞書謂周公實罪之則流言方謂公將不利孺子而所謂將不利孺子之人乃遂赫然大怒辟者辟囚者囚降者降恣所欲爲全無顧忌此非吾所謂莽操之行乎而可以誣周公乎嗟乎自有僞書而周公之殺管蔡遂成鐵案詩書本事

無孳究之者太叔權詞無致疑之者而於是千秋萬世智愚賢不肖無不信有此事而後世英主若唐宋二太宗篡弒得國若隋煬帝明成祖之屬無不據此事爲口實而其臣下皆援引此事以諂諛而逢迎之嗟乎僞書一變亂本事而其禍之酷且烈如此然則謂周公雖戮管蔡無損其聖與謂僞書抄撮經傳無害於理者皆未之思也已矣　舜封象有庳戰國時有放之之說而萬章遂以問孟子若使周公戮管蔡萬章能無疑乎及孟子告之以仁人於弟親愛之欲其富貴云云若使周公果戮管蔡善問之萬章能無及乎周公使管叔監殷管叔以殷畔陳賈尙以知而使之不知而使之難孟子若使周公使之監殷及以殷畔而公復手戮之彼賈之所以難孟子者其如是而已乎此吾於孟子無字中而益信周公必無戮管蔡之事如此

昭三年傳叔弓如滕子服椒爲介及郊遇懿伯之忌敬子（叔弓也）不入惠伯（子服椒也）曰公事有公利無私忌椒請先入乃先授館敬子從之杜謂忌怨也懿伯椒之叔父叔弓禮椒爲之辟仇按此事亦見檀弓忌者忌日也非怨忌之忌怨忌者在郊而因之不入將誰與鬭乎一不可解因遇介者之叔父怨忌而遂廢公事二不可解忌者在郊而我入國正是辟之今反以不入爲辟三不可解且使椒不先入敬子亦終不入不知所遇之忌將何時去此假令忌終在郊又將奈何四不可解蓋及郊主國有郊勞之禮受郊勞之禮必在館中亦必與介同受此禮適以介之叔父忌日至郊叔弓禮椒將遲之明日始行此禮而椒乃以公事爲主反先入館受勞禮而叔弓亦遂從之如此義甚明白不知杜氏何以誤解如此至鄭注檀弓亦以忌爲怨而謂敬子有怨於

懿伯難惠伯故不入尤謬

昭七年春秋春王正月暨齊平許淑服虔杜預並謂燕與齊平穀梁傳賈逵何休並謂魯與齊平吾核左傳前後文而知實是燕與齊平語已詳春秋規萬中今讀此年傳文而復得一證焉傳云鑄刑書之歲（按事在前年昭公六年）二月或夢伯有介而行曰壬子余將殺帶也（杜注壬子六年三月三日）明年壬寅余又將殺段也（杜注壬寅此年正月二十八日）及壬子駟帶卒齊燕平之月壬寅公孫段卒按壬子不言月者是謂見夢以後第一壬子雖不言月義自明也明年壬寅不言月者是謂明年第一壬寅亦不必言月而義自明也第一壬寅在正月二月不可知而以此年經書四月甲辰朔逆推之則無論正二三月爲大盡爲小盡總無壬寅在二月之理然則齊燕平之月非正月乎然則正月之暨齊平非燕與齊平乎若如

貫何等解正月爲魯與齊平二月戊午盟濡上若是年二三月皆大盡則二月
甲辰朔戊午爲二月十五日始是燕與齊平而燕齊平之月焉得有壬寅乎
昭七年傳楚靈王爲章華之宮納亡人實之芋尹無宇之閽有罪
亡入宮中無宇往執有司弗與而執無宇以謁諸王無宇引周
文王楚文王之法謂盜所隱器與盜同罪又云若以二文之法
取之盜有所在矣王曰取而臣以往盜有寵未可得也杜注盜
有所在言王亦爲盜又注云盜有寵王自謂林堯叟因申之云
靈王戲言若以二文之法指我爲盜則我方有寵於君未可得
而取也按此注大誤杜云盜有寵王自謂不知自謂何寵林云
我方有寵於君不知又是何君不意注書而有此囈語也無宇
云盜有所在者指執無宇之有司也無宇一則曰今有司曰女
胡執人於王宮再則曰若從有司是無所執逃臣夫閽以得罪

而亡是盜也執而有司隱之是與盜同罪之盜也故云若以二
文之法取之則非特亡闇在是卽隱盜之有司亦在是矣而楚
靈聞其言而無以難也曰爾姑取爾亡闇以去耳若爾所謂隱
盜之盜則方有寵於我未可得也是亦指有司爲盜何嘗戲言
哉杜林解非但有寵二字萬不可通卽無字云盜有所在亦非

昭七年傳云故孟懿子與南宮敬叔師事仲尼按南宮敬叔或卽
南宮适是孔門弟子也若懿子之師事殊尙可疑論語孔子呼
弟子無不名者懿子苟師孔子何爲不呼何忌而稱孟孫豈以
卿故尊之耶

昭九年傳云允姓之姦居於瓜州伯父惠公歸自秦而誘以來使
偪我諸姬入我郊甸則戎焉取之杜注言戎取周郊甸之地是
讀焉爲如字釋文云焉於虔反又如字是存兩說孔疏云焉猶

何也若不由晉則戎何得取周之地也則竟讀焉爲於虔反矣按文直接甚明言戎入我郊甸遂取我周郊甸之地不知何故讀焉爲於虔反而添設若不由晉四字也況下文云戎有中國誰之咎也明言惠公誘戎之害則上句何須更作一轉孔疏似誤會杜意

昭十年傳言宋元公爲太子時惡寺人柳欲殺之及遭平公之喪柳熾炭於元公喪位將至而去之比葬又有寵杜注言元公好惡無常愚謂遭喪在冬十二月葬在明年春二月正夏正極寒之時柳體貼人情諂事如此安得不寵左氏好描寫人情正不必譏元公之無常也因記故老言一小卒寒冬伴提督寢裏溺壺被中而臥夜中提督將私捧溺壺進之甚煖提督大喜拔之官至四品此亦一寺人柳也

昭十一年葬公母齊歸公不慼晉史趙曰必爲魯郊言昭公必出在郊野不能有國歸姓也姓生也公爲歸姓所生不思親祖不歸也按此語頗奇處三年之喪而不慼以理斷其失國可矣乃牽合其母姓言之以母爲胡女歸姓則當不歸若母爲宋女子姓當無子乎較之姞吉人之語尤爲好奇

昭十三年記楚共王埋璧立嗣之事平王抱而入再拜皆厭紐杜謂微見璧紐以爲審識按上言與巴姬密埋璧於太室之庭既云密埋豈有微見璧紐之理且其未祈之時明曰請神擇於五人者使主社稷又曰當璧而拜者神所立也誰敢違之是此語人人共聞若果微見璧紐誰肯與紐離異而子干子晳乃遠之乎蓋璧雖密埋王與巴姬必記其所埋尺寸地步無須微見紐以爲審識者及五人既拜由頭者所拜之位度向者所埋之處

而卽知其遠近相去幾何也其曰厭紐者璧必有紐蓋向神埋璧其紐在後故厭紐則必當璧此二字與上跨之肘加焉遠之一例不過以厭紐代當璧二字耳

昭二十年琴張聞衛宗魯死將往弔孔子曰齊豹之盜而孟縶之賊何弔焉按齊豹與宗魯相善薦魯於公孟（卽孟縶）公孟以爲驂乘及豹將殺孟使魯去之魯以爲向者子美我謂我能善事孟故孟信我而使我驂乘若聞難而去之是我不善事孟而使子向者美我之言不足信於孟也今惟有子往殺孟我亦不洩於孟而爲孟死之是我果善事孟而子亦不失信於孟矣後魯爲孟驂乘豹以戈擊孟而魯以背蔽之斷肱與孟皆死（此上釋傳文）夫由常情視之魯能不負所薦不負所事臨難不避以得兩全不居然大丈夫也哉而孔子斥之至於如此可知戰國刺客後世

劍俠皆聖門所棄絕雖死而弔亦不屑者也從可知左傳所記但守小節以一死成名者皆宗魯之類而孔子所謂言必信行必果硜硜小人有子所謂信近於義言可復也孟子所謂大人者言不必信行不必果其理皆一貫而倖倖然惟以氣節用事不顧義理者可以返矣　竊物曰盜殺人曰賊魯竊不失信之名於豹故曰齊豹之盜明告以將殺孟而祕不告之使終見殺故曰孟縶之賊杜注謂豹所以爲盜縶所以見殺皆由宗魯按下句是也上句尙非正解

昭二十五年傳云季郈之雞鬭杜注季平子郈昭伯二家相近故雞鬭按此注誤也鬭雞之戲古早有之莊子紀渻子爲王養鬭雞列子黃帝篇同又莊子逸篇稱羊溝之雞以狸膏塗其頭數勝人戰國策臨淄民無不鬭雞走狗　近世鬭雞者先期相約鬭

於某所不勝者出金帛古人想亦猶是則何必二家相近始鬬耶且如注語似謂鄰近雞自相鬬非人使之鬬則與下文介雞金距悉不合矣　季氏介其雞杜注擣芥子播其羽也按正義引賈逵云擣芥子爲末播其雞翼可以坌郈氏雞目又史記魯世家亦曰季氏介雞羽說與杜同正義又引鄭衆云介甲也爲雞著甲又高誘注淮南人閒訓云以芥菜塗雞翅而注呂覽察微篇則云介甲也作小鎧著雞頭孔疏左傳合論之云以郈氏金距言之則著甲是也愚謂甲在身冑在首明有分別高云小鎧著雞頭是冑其雞非介其雞也至鄭孔云爲雞著甲不知雞鬬在首而以身爪輔之若甲其身是反爲雞累使之不能輕舉迅疾矣故不如以介爲芥蓋芥屑播在雞羽遇鬬鼓翼其屑既可以眯敵雞之目而芥子性辣著目又使之不易開也　宋王

觀國學林謂司馬遷改介爲芥而杜預用其說以解左傳不知經典釋文明云介又作芥是傳文本有作芥者　觀國又云介其雞者爲甲以蔽雞之臆則可以禦彼之金距此說太鹵莽矣傳文明云季氏介其雞郈氏爲之金距平子怒蓋季氏始以芥子眯郈雞之目而郈雞不勝郈乃爲之金距金距甚利能爪傷季雞使之不及振翼而於是季雞不勝故平子怒也今乃云介雞以禦金距則是先金距而後介倒置傳文非讀書鹵莽而何況以甲蔽臆將使雞頸不能屈伸何尙能鬭此又不揣物情之說矣　杜注引或說云以膠沙播之爲介雞觀國云以膠浹沙而播其羽是自累也又惡能勝彼雞按孔氏正義云蓋以膠塗雞之足爪然後以沙糝之令其澀得傷彼雞也此亦可存一說與下文金距相關涉蓋金距則較沙爪更利所以能勝季雞然

則唐人讀書較宋人精審多矣

定二年傳邾莊公與夷射姑飲酒私出杜注出辟酒愚按非也私出謂將因私而出也襄十五傳師慧過宋朝將私焉注私小便此私出之私與同義下文云閽乞肉焉惟射姑以私而出必將復入席故可向之乞肉若辟酒而出是逃席也何肉之可乞又明年傳閽以缾水沃庭邾子怒問閽曰夷射姑旋焉杜注旋小便亦正以射姑嘗出私故因邾子臨廷之時特沃庭以發邾子之怒問而遂以誣之也語亦遙遙相對

定四年傳惎間王室賈杜並云惎毒也按說文訓惎爲毒引周書來就惎惎此逸書今無可證亦不知惎惎果是毒毒與否小爾雅廣言則訓忌訓教按之左氏義實較毒爲長宣十二年傳楚人惎之脫扃又惎之拔旆投衡此非訓教必不可者故杜亦訓

教而惎閒王室之惎愚謂亦當訓教謂管蔡誘啟武庚而教之亂王室也蓋武王旣封武庚於殷武庚臣事周室本無二心自管蔡教之而武庚叛矣孟子所謂管叔以殷叛者也或謂毒閒王室蓋指管叔及羣弟流言彼以不利孺子離閒王與周公公去而後王室可圖其計甚毒故云毒閒也亦通但流言在前以殷叛在後今言管蔡啟商是已以殷叛矣何爲復溯其流言耶終當以教閒爲妥乃至哀元年傳之惎澆能戒之謂忌澆而能戒備之也哀二十七傳之趙襄子由是惎知伯謂知伯輕薄襄子襄子敢怒不敢言因是而忌知伯也二惎字並以訓忌爲善而杜皆訓毒尤與二傳文義不順　西京賦人惎之謀此亦非訓惎爲教不可者可見惎教之訓漢人早爾固不始自宣十二杜注若小爾雅非偽書尤古訓矣乃說文獨訓爲毒廣雅釋詁

又訓爲意皆與左氏數見無一可合者　又按西京賦天啟其心人惎之謀雖不必用左氏而上句啟字下句惎字未必非暗用其意然則張平子殆亦解惎閒之惎爲教也

胡傳

諸經俱可穿鑿求新而春秋更易宋人每喜苛刻論古而胡氏安國又甚故胡氏之傳春秋可取者十無二三而煆煉周內寃誣古人者至於觸目皆是讀之往往令人憤恨乃前代功令以頒學官試士子者至數百年之久人心烏得不刻而薄立論烏得不怪且愎乎名曰傳經實足禍世

胡氏言朱子發雖修謹皆是僞爲范濟美應云子發誠爲詐如公卻是至誠胡遜謝云某何敢當至誠二字濟美戲云子發僞於爲善公卻是至誠爲惡也朱子嘗述此語以告門人可見刻於

論人文定本性如此同時朋友且爾宜其於古人更不惜力爲
掊擊也

煙嶼樓讀書志卷第六

鄞蘧學齋徐氏
校印書籍之記

煙嶼樓讀書志卷第七

鄞 徐 時棟 同叔

經七

四書

傳注本無可疑而妄求異義所謂說經而尚新奇者也明季譚梁生貞默作三經見聖編謂大學即中庸後小半乃以論語爲一經大中爲一經孟子爲一經謂之三經且謂皆相繼而作中庸天命之謂性三句接論語知命章大學在明明德接中庸予懷明德孟子何必曰利亦有仁義接大學不以利爲利以義爲利也噫說經而尚新奇眞是無所不至亦覺無所不有矣明季鄭謙止鄤峚陽草堂說書七卷亦謂中庸以明德終大學以明德始大學實繼中庸而作也

訓詁之學有一定不可易者有隨在各是者此豈可執一論哉朱子注論語獲罪於天云天即理也天命之謂性云性猶理也此是隨處各具一理本無可議者而毛大可極力非之謂理命之謂理豈復可通强辨硬坐令人氣憤子曰道之將廢也與命也孟子曰吾之不遇魯侯天也此天字與論語命字何異假令援論語以注孟子曰天即命也亦豈可議其不通而或駁之曰然則中庸當云命命之謂性左傳當云命所命也命命未改乎大可之言何以異是　先儒說命有義理之命有氣數之命是命中固自有理在也朱子解論語之天爲理解中庸之性爲理合之理命之說則是中庸首句當訓爲理理之爲理矣此雖五尺之童亦知其妄而大可居然以之著書眞可怪也

論語中天字多就理一邊說孟子中天字多就氣數一邊說

余極惡大可以無理强詞駁朱子一日有少年盛氣爭辯卽以理命之謂理相詰難謂此言雖使朱子復生亦當無以自解余笑應之曰不必朱子復生吾試爲朱子代解之訓詁之書莫古爾雅爾雅開卷卽曰初哉首基肇祖元胎俶落權輿始也是哉字首字元字無不解作始字而或取其文以解尙書之元首起哉而曰當解爲始始起始可乎又且諸經訓訓起爲發發猶始也又起字本有始義則尙書舜歌僅四字無一字不當解作始字可乎此是尙書難解乎抑亦作爾雅者尙未通乎合座大噱少年赧然而去

孫季昭奕示兒編中說經多穿鑿附會卽其無礙於理者亦復是故爲新奇求其無愧於理可以有功經傳者十不能一二也向在吾壻凌定甫家見此書記其大略數則　如解聞韶章謂不

知肉味是怒不是喜齊以侯國而乃作天子之樂至於三月故夫子聞而甚怒之至於不知肉味而有不圖至斯之歎謂不意韶樂而乃作之於此地也無論不知肉味斷非盛怒光景卽不圖爲樂一句雖辯才無礙亦萬萬不能解作愠怒之辭也　解孟子之知好色則慕少艾謂艾字古無作美好解者須解作苟知好色則慕父母之心少衰艾衰也謂如曲禮五十曰艾之艾無論楚詞擁少艾之不得不解作美好卽就上下文觀之曰慕父母曰慕妻子曰慕君慕字下皆實指倫類何得此處獨將慕字一讀乎且知好色云慕少衰有妻子不當云慕益艾乎　解仕而優則學二句謂仕而能優卽是學也學而能優卽是仕也上句猶云雖曰未學吾必謂之學也下句猶云是亦爲政奚其爲爲政也夫不學卽學亦須如子夏云雖曰未學吾必謂之學

也不仕卽仕亦須如夫子云是亦爲政奚其爲爲政也斷不能但以則學則仕二字括之使人猜啞謎者又必須易則字爲卽字語始可通又且以理論之下句尚無礙義理若上句果如所解則是子路何必讀書之對夫子何復斥之爲佞乎　解皆不及門之門爲門目之門解竊比老彭之彭爲旁猶云側也解必也狂狷乎謂是反詞非美狂狷解孰謂微生高直謂是美詞非譏微生並是舍康莊而履荊棘以此示兒將使兒曹跰出血而不止矣　解子見南子謂是見南蒯其說甚長且辯吾鄉王厚齋先王笑之曰是時子路年甫十三又焉能不悅乎

大學

毛大可極駁朱子解壹是爲一切按漢書平帝紀一切滿秩顏師古曰一切者如以刀切物取整齊不顧長短縱橫故曰一切史

記李斯傳一切逐客貨殖傳一切用文持之太史公自序惟一切嚴削漢書趙廣漢傳一切治理路溫舒傳一切不顧國患餘言一切者尙多正是壹是之義如曰自天子至於庶人一切皆以修身爲本何礙文理耶

中庸

子思作中庸多引孔子語而於第一見特書字以例其餘可知當時七十子之徒以及雜家者流著書立說多述其師語稱子曰子云者故分別之如此而其原則出於堯典堯典紀二帝言語特於舜語第一見特書舜曰所以別堯語而例其餘也　有謂尼是夫子謚者據魯哀公尼父誄詞也然冠以仲字自當是五十伯仲之字春秋大夫有謚者例稱某子或稱某伯仲不聞以伯仲冠謚上也　近儒好古每依傍說文漢隸以寫今字嘉興

張昌衢序馮勺園師登府三家詩異文疏證稱孔子字尼字左旁特加聖諱驚且惡之考爾雅釋丠云水潦所止屔丠（丠原本从斤从一）尼字注疏本實作泥釋文云依字當作尼又作坭是陸氏所見別本但有作土旁者惟廣韻引爾雅作屔然不言孔子之字可作此字也後見顏氏家訓書證篇云仲尼居三字之中兩字非體三倉尼旁益丠說文居下施几如此之類何由可從然後知此字本之三倉而早爲顏黃門所駁斥夫郊社之地不避聖諱此外不得已而用之則或缺中直或寫作丠或加阝旁而改音爲期若專稱聖諱即是狂妄今乃稱孔子之字特取聖諱加於其旁合名與字於一字之中故犯前人所駁斥者以爲好古是漢律所謂大不敬也隸釋夏堪碑稱孔子字作泥此蓋本之爾雅者然孔子之字豈得隨意改寫

道家之語小也曰巢蚊睫中釋家之語小也曰入藕絲孔形容微渺至矣盡矣而總不如吾儒之語小曰天下莫能破焉語極平庸不作奇險渾然天成無可駁詰

武王末受命周公成文武之德追王太王王季是追王之典實成王之世周公所爲者而大傳則曰牧之野武王之大事也既事而退柴於上帝祈於社設奠於牧室遂率天下諸侯執豆籩逡奔走追王太王亶父王季歷文王昌不以卑臨尊也是武王不及還周即於牧野設館追王三王矣後人以朱子入中庸於四書中遂尊信之而以大傳爲誤記又或有圓全兩說者謂武王雖追王三王而追王之禮但行於文王未及太王王季而武王崩其後周公乃爲成禮則吾不知此所行者何禮豈亦如後世上尊號已降諭旨而尙未宣讀寶册耶抑克商二年而後武王

有疾疾瘳又不知幾年而後崩奠牧室時已將追王而後竟忘之耶又或有幷中庸大傳而俱不之信者直據史記西伯卒武王載木主號爲文王之語謂武王未克商先已追尊文王是與西伯受命稱王改元之說同一誣妄尤不足辨吾嘗謂論古事必據古書而身親其事之古書尤爲鐵據尚書金縢周史所作是眞身親其事之古書也一則曰乃告太王王季文王再則曰若爾三王三則曰新命於三王此時武王未喪而太王王季與文王合稱三王歷歷如此則追王之典必不成自周公斷斷無疑者中庸大傳同出禮記大傳牧室追王亦未敢謂其必然而要是武王所追王金縢具在中庸不容不誤也

毛大可極駁朱子五倫之說謂是五達道非五倫也且言朱子以前無以此爲五倫者其辭甚辨而詳吾謂眞妄說也呂覽壹行

篇曰不可知則君臣父子兄弟朋友夫妻之際敗矣十際皆敗亂莫大焉凡人倫以十際爲安者也明明是此五倫明明是言人倫大可未之知也大可又言五倫只有天屬無人合則并論語以君臣之義爲大倫孟子以男女居室爲大倫而不知矣

孟子五倫與中庸五達道眞是磁鍼珀芥相視無閒者中庸開章即曰率性之謂道修道之謂教至此復言天下之達道五而孟子則曰人之有道也飽食煖衣逸居而無教則近於禽獸聖人有憂之使契爲司徒教以人倫所謂教者何教也即修道謂教之教也所謂道者何道也即率性謂道之道也亦即天下達道之道也而中庸既言達道即繼之曰君臣也父子也夫婦也昆弟也朋友之交也而孟子既言道與教即繼之曰父子有親君臣有義夫婦有別長幼有序朋友有信而中庸又繼此而言

達德以歸於成功而孟子又繼此而言振德而使之自得兩書若合符節如此今不知二五即一十而曰中庸昆弟孟子長幼明明不合然則中庸所謂君子之道某未能一者未知即此達道否若君子之道即是天下達道則達道稱昆弟而君子之道稱兄弟豈昆弟兄弟又將有差別耶　中庸達道孟子人倫其夫婦兄弟朋友次序無一不合而惟父子君臣則先後互異蓋五倫本以父子爲首而中庸特先君臣者以此言是孔子對魯哀公之言尊君故先君臣耳觀孔子自言以求子先求臣子夏之論以事父母先事君而他日孔子對齊景則又以君臣先父子此雖無關宏旨然既究書義不得不推勘到此　讀書何可泥長幼固有非兄弟者而孟子長幼則明明是兄弟且如兄弟二字是同生也先生爲兄後生爲弟無不知者而周禮大司徒

之聯兄弟非同生也故鄭注謂兄弟是婚姻嫁娶公羊傳云兄弟辭也此亦非同生也故何注謂宋魯之閒名結婚姻爲兄弟而爾雅釋親則曰母與妻之黨爲兄弟又曰婦之黨爲婚兄弟壻之黨爲姻兄弟注謂古者皆謂婚姻爲兄弟若但執一說遂可翻古人成案則非特孟子長幼非昆弟即孟子云兄弟有序亦豈即中庸之昆弟乎

章大來曰見改錯論語以長幼之節與君臣之義爲大倫之二然而以主客爲長幼則明缺兄弟矣五倫何可缺兄弟夫子路以丈人之所明者詰其所昧長幼之節丈人所明君臣之義丈人所昧若長幼是指主客則子路客也而實幼丈人主也而實長論主客則丈人當敬禮子路論長幼則子路當敬禮丈人今不曰主客之節而曰長幼之節不應子路反自誇其所能以傲丈人此直不識文理者之言也而來助

脣舌乎　集解孔氏曰言汝知父子相養不可廢反可廢君臣之義耶按孔氏又以長幼屬之父子矣而皇疏則謂汝知見汝二子是知長幼之節不可廢缺

子思引孔子言略與論語同惟有宋存焉一語與論語之宋不足徵也相反何也前輩謂子思困於宋而作中庸君子居是邦不非其大夫故作此巽詞理或然耳

朱子於中庸第三十三章分六節竊謂當分七節詩曰衣錦尚絅至的然而日亡爲首節君子之道至亦孔之昭爲二節故君子內省不疚至尙不愧於屋漏爲三節故君子不動而敬至時靡有爭爲四節是故君子不賞至百辟其刑之爲五節是故君子篤恭至不大聲以色爲六節子曰聲色至至矣爲七節蓋自首末二節外餘並是引詩以明己意

煙嶼樓讀書志卷第七

蘧學齋

煙嶼樓讀書志卷第八

鄞 徐 時棟 同叔

經八

論語

季弟石門時榕讀書時有見地其解學則不固謂固固執也解如毋固毋我之固蓋云君子不重則不威能學則不至固執兩則字自當一例不應上則字微轉下則字直接且如常解當云則學不固非學則不固矣說頗近理

無友不如己者此不如當作不似解弗作不及解呂覽載周公旦曰不如吾者吾不與處累我者也與我齊者吾不與處無益我者也惟賢者必與賢於己者處正與常解論語相合而愚謂此

必非周公之言也夫當周公之時非但無賢於公者抑豈有齊公者乎然則公將離羣索居而已矣吐哺握髮以下士何爲者也況乎聖人與人爲善惟恐人之不親我也苟親我豈有畏累而遠避之之意又況我欲擇賢我者而與處也而賢我者又將以我爲不如彼而懼累而遠我矣我將若之何我恐不如我者之累我而不與處也而不如我者將終不得一見賢己之人而終其身不得與斯道矣彼將若之何故曰此必非聖人之言也惟作不似解則道不同不相爲謀耳非拒人也　管仲論鮑叔牙謂視不己若者不比於人論隰朋上志而下求醜不若黃帝而哀不己若者以是定二人優劣若周孔拒不若己者則是與鮑叔比肩度不及隰朋而智出管仲下矣

毛西河曰禮之用二節分節錯矣禮之用和爲貴先王之道斯爲

美禮樂本同原也此一截也余謂禮之用和爲貴已坐實和字而即繼之曰先王之道斯爲美則斯即和也明白曉暢斷不必臆說乃曰禮樂本同原是强以禮樂兩項並入一斯字矣上下文氣恐不甚接　又曰小大由之有所不行苟細行瑣屑過於拘曲則窒而不行禮勝則離也此又一截也夫前既以禮樂兩項解斯字至此乃以由之爲由禮由之必爲由禮是誰人聞得即依西河說上截斯字作禮樂兩項解矣而此由之由字有子乃未明言所由何物亦當遲疑審度由禮耶由樂耶由禮樂兩項耶而乃直信不疑斷之曰禮勝則離其斬斬截截如此錯矣乃訓詁亦無不錯者曰細行瑣屑過於拘曲一若僅見一小字絕不見有大字因以細行二字括之豈大字本不必解耶西河詆朱子謂攤書據文祗見半行而於半行以下即邪視亦不及

之眞可駭焉今不必一行半行即一句中上一字明明見之至第二字忽視之而勿見則更可駭也然且曰瑣屑曰拘曲竟於本分外添設而不顧況有子曰有所不行明是喝下語氣今倂屬上四字爲一節則有所不行非一無可行矣而曰窒而不行亦自難通須知此節是論和專重和字禮之用以和爲貴先王之道以和爲美故小事大事皆可由之此一節也皆可以由而乃忽有所不行者何哉蓋僅知夫和而其和乃不能以禮節之故亦不可行也此又一節也上節和字重蓋和中自有禮字在下節和字輕蓋專和而不知有禮則失和之本意非眞和矣

愚按知和而和句難解朱子謂徒知和之爲貴而一於和文義非不順但稍嫌添設耳不如以知和二字爲句而和不以禮節之七字爲句似較圓潤

論語弟子分三解余既言之矣而先生之稱亦有數義先生饌是父兄也見其與先生並行之先生與孟子之先生將何之儀禮之先生異爵皆指高年惟待先生如此其忠且敬之先生始對弟子言者　孟子中公孫丑稱弟子而留行之客亦自稱弟子是仍卑幼對長者之通稱也呂覽去宥曰荆威王學書于沈尹華國人皆曰王乃沈尹華之弟子也此弟子正對師稱者

論語知之爲知之不知爲不知其誨子路者不過數語而已荀子子道篇記其語自盛服見孔子始載之綦詳蓋論語載孔子言語極簡要采擷精華如綴狐白之裘故其載一切問語皆略而又略後人讀論語者不識此意

雍詩者周人祀文王之詩也語詳學詩記　魯以文王爲周公自出之祖故祭文王而但知祭文王當用祭文王之樂故以雍徹其實文

王既已追王諸侯不敢祖天子魯祭文王非禮也又爲大夫子爲士祭以士魯祭文王用文王之樂又非禮也久而忘其本始祭文王以周公配以爲祭周公可用此樂也遂於周公廟用之而祭周公以羣公配以爲羣公廟可用此樂也遂於羣公廟用之三家出自桓公立桓廟於私家以爲公廟用此樂也遂於私家之桓廟亦用之此歌雍之所以在三家之堂也蓋積漸而致習爲固然經聖人指出如夢初覺此聖人立言之妙也然而魯侯辟公也非天子也一辟公更無有來相之辟公也而曰相維辟公天子穆穆此奚取於羣公之廟乎奚取於周公之廟乎奚取於魯文王之廟乎醒此覺彼則尤聖人立言之妙也漢祭祀志東平王蒼上書章帝言昔者孝文廟樂曰昭德之舞孝武廟樂曰盛德之舞今皆祫食於高廟昭德盛德之舞不進與高廟同樂按以漢擬周則後王配食於先王但用先王之樂可知不但此也孔子此言實萬古論禮樂

之準則而後世議禮者不察也魯用周禮樂宋用殷禮樂見左傳禮記議者以魯爲僭而謂杞宋可用夫杞宋而得用夏殷之禮樂則有繼周而起者周後必爲興朝之賓恪其國中亦得用周禮樂無疑也然即由雍詩言之所謂相維辟公天子穆穆者又將奚取於子南君之堂乎易代而後正朔車服無不更改而同軌同倫又無賓恪異制之理若使其用先代禮樂祭器祭服一切難行不但樂章中句語顯然背謬已也

郊特牲云諸侯不敢祖天子大夫不敢祖諸侯此爲本朝之諸侯本國之大夫言之若朝已易姓國已亡滅而尚不許其子孫祖之則是曾爲天子諸侯者皆餒而矣故杞宋得祀其先王禮也亦情也祀之奈何曰中庸所謂父爲大夫子爲士葬以大夫祭以士王制所謂自天子達於庶人喪從死者祭從生者眞萬世

定制不可移易諸儒論辨滔滔詳證博引以自伸其說吾不敢信（左傳云宋祖帝乙鄭祖厲王按鄭祖非也若宋祖不當但是帝乙康成以祖厲王爲時君所賜見五經異義一之六十八）然則孔子歎杞宋不足徵夏殷何也曰用之不可存之可也肆習之亦可也記曰有司之失其傳也傳曰臣以爲肆業及之也桑林在宋周禮在魯無訾議之者季札爲春秋知禮君子孔子嘗稱之而在魯歷觀先代之樂而贊歎之非可以爲肆業之明證乎夫宗周無恙魯尙以宗國存禮樂而夏殷已亡杞宋乃不能守先世典章此所以歎其文獻之不足也孔子既歎杞宋無徵而他日又自幸得夏時坤乾夫坤乾殷易也孔子雖幸其得之而贊周易不贊坤乾也夏時夏正也孔子雖告顏淵用夏時而作春秋用周正不用夏正也且孔子既幸得夏時又以之告顏子然斷不教杞人舍一王之建子而改用其先世之寅正也

此尤吾言可存可肄習而不可用之確證
揖讓而升下而飲即用朱子集注亦曰勝者乃揖不勝者升取觶
立飲也然則即有升而飲斷無有下而飲然則此章當依鄭注
揖讓而升下爲句而飲爲句言升也下也飲也無之而不揖讓
也乃今世學者以揖讓而升爲句下而飲爲句然則將作何解
乎
毛大可駁朱子獲罪於天注天即理也謂天是指蒼蒼之天何得
云理若以理解天則云理厭之理生德於予吾之不遇魯侯理
也而可乎余曰此妄語也朱子於即理也之下明曰其尊無對
又曰逆理則獲罪於天矣明指蒼蒼者言之其云即理也者是
推原天之所以爲天非訓詁解釋以代正文者也若如大可妄
說則大學云德者本也財者末也而駁之曰在明明本克明俊

本末有府庫末非其末者也而可乎

夏稱夏后氏殷周稱人此不過古人語例如此無深義也而白虎通謂以揖讓受於君故稱后（禮檀弓上正義引）然則湯以征誅得天下而湯誓稱我后逸書稱后來盤庚稱前后古后神后高后先后何以解之又且詩書稱后甚多何嘗專稱有夏呂刑以伯夷禹稷爲三后下武乃以太王王季文王爲三后是又何說耶又按白虎通之解后義蓋因虞書羣后德讓句生出然觀此句卽不得以后專指有夏矣

漢文帝紀曰寡人不佞注佞才也正與論語說佞字意合惟注論語當云才辯也

或問毛西河說子華使齊是爲魯使正在孔子爲司寇時是時冉子爲魯司財宰故請粟與粟得以自主且謂由求赤一齊仕魯

由使治賦春秋傳所稱隳三都者求使宰財孟子所謂賦粟倍
他日者赤使治賓客卽此使齊是也其牽合處似頗支離否余
曰豈但支離已哉西河說此章書最無理其說本邢氏然早爲
前人駁正而必復申其說者攻朱子也本不足辨今姑辨之其
謂由使治賦正春秋傳所稱隳三都夫隳三都與治賦有何瓜
葛語已附會而求使宰財以孟子賦粟倍他日爲證則大無理
夫司財宰何官已駭耳目而孟子之所謂賦粟倍他日卽是論
語之所謂聚斂附益乃論語則有季氏富於周公而求也爲之
聚斂句孟子則有求也爲季氏宰句明白如此而必撤去季氏
謂是爲魯司財宰吾不解其何心且爲司寇用及門爲司財宰
而賦粟倍他日是顯坐孔子以知人不明用人不當於汝心安
乎至謂治賓客卽此使齊治賓客與爲小相則合而與出使爲

行人則頗不合且孔子年五十五爲魯司寇子華少孔子四十
二歲時甫十三公西氏雖幼慧恐未必肥馬輕裘便能啣命出
使也乃其云冉子請粟與粟得以自主夫既冉子爲魯司財宰
得以自主則應與即與何故必爲之請必爲之請益多此一番
轉折乎夫兩節連記例可並參原思爲之宰是爲孔子宰也則
子華使於齊是爲孔子使也如云子華爲魯使將毋原思爲魯
宰乎焉知原思必不爲魯宰曰是斷不然姑勿論原思爲之宰
之字無著即使爲魯宰自有頒祿者在何須孔子强與他人事
而與之粟乎是孔子又爲司財宰矣乃西河則謂子華使齊原
思爲宰皆一時事故與粟辭粟皆公家稍食此説何也曰如是
則倍無理矣豈有公家稍食一任師徒自爲主張曰與之則與
之曰不與則不與有是理耶夫苟公家稍食孔子亦必當按國

制給與之如儀禮所云既受行出遂見宰問幾月之資者不待冉子之請既請矣或應與與否宜明告冉子以國家之常典即冉子亦即須按國制給與之不待請於孔子況孔子責冉有曰君子周急不繼富使爲公家稍食將貧者而後有祿富者必當無祿富者既已無祿而貧者受祿名之曰周急將朝廷爲大養濟院有是理乎果爾則原思辭粟孔子且不必禁之乃若其所以駁朱子者則純以私意測聖賢所謂兒語不値一笑者也謂夫子教學闕門家無祿廩安有藏粟可私授至八十斛者謂安有祇使一弟子可私授之八十斛者謂夫子之粟冉子安得主之檀弓伯高之喪孔氏之使者未至冉子攝束帛乘馬而將之孔子曰異哉徒使我不誠於伯高冉子爲孔子主財有明證如此夫吾姑不暇他問但問其一曰私授再曰私授豈冉子盜竊

夫子之粟以與子華經發覺後而爲孔子所斥耶喪心悖理何忍出此夫季氏賜粟千鍾魯奉粟六萬衛人亦致粟六萬其偶見於家語史記者尚然焉知孔子必無藏粟朋友通財何況師弟緩急相需何論多寡惟其不急是以併升斗亦不必與不爾即不爲之使豈直視其餓死而不之救耶子曰回也使爾多財吾爲爾宰先生爲弟子宰財尚可而弟子尚不得主先生粟何耶　又問西河言冉子與粟是準聘禮者其言曰聘禮諸侯之使皆以粟十車列館門外據禮注每車一秉有五籔籔音庾是館廪之粟計十車有十五秉故冉有據此以三分之一予其家云云似乎冉子固將準聘禮十五秉與之因請粟無幾未解孔子之意不得已以三分之一與之此於當時情理似尚可通余曰此妄語也何乃全不考察而反是之夫冉子明明欲行禮於

子華之家而孔子不之許反斥行禮爲繼富是明明以不知禮坐孔子矣然且肆無忌憚自造典禮據聘禮當設飧時門外米禾皆二十車惟上介門外米禾皆十車及歸賓饔餼則門外米三十車車秉有五籔設於門東爲三列東陳禾三十車車三秅設於門西西陳即聘義亦曰米三十車禾三十車是旣行聘禮之後即以向所陳設之米禾饋於賓館共六十車載在典禮明明可考而曰諸侯之使皆以粟十車列館門外已自不合又且以車秉有五籔之禮文謂是禮注然此皆其錯之小者乃至以主國待賓之禮謂是主君命使之禮則不應以號稱通儒者而援經之荒唐一至於此

或問子謂仲弓章集注稱仲弓父賤而行惡故夫子以此譬之而復申之曰此論仲弓云爾非與仲弓言也又南軒張子謂是與

仲弓論用人而朱子又力非之謂不必回護按此章似以論用人爲是而朱子力持其說何也余曰舊注此章解釋文義別無他說自王充以爲仲弓之父皇疏因之遂爲千古寃獄矣晉范甯注論語曰謂非必對言也(皇引)皇侃曰仲弓父劣當是於時爲仲弓之父劣而不用仲弓故孔子明言之也聖人不顯揭人惡即惡之何至比其人爲犂牛況稱其子之賢而斥其父至非人類是重傷子心矣何以爲聞者地然且果有是語說者未嘗指名記者何從知爲仲弓發夫論語固有成例而論語此章尤成例可援之顯然者凡與人面語則書某謂某曰或謂孔子曰子謂冉有曰子謂子貢曰子謂子夏曰用之則行章子謂顏淵曰微生畝謂孔子曰陽貨章謂孔子曰子謂伯魚曰周公謂魯公曰是也非面語而其言係論某人某事者則但書某謂某孔子

謂季氏子謂韶謂武子謂公冶長子謂南容子謂子賤子謂子
產子謂衛公子荊是也惟吾見其進章不在此例正如弟子呼
字偶一見耳今此章明明面語而必據吾見其進章謂是背語
則何異於據孝哉閔子騫而謂德行淵騫皆夫子語耶須知此
章書不待後人解論語中自有注腳其全章大意即是告仲弓
舉賢才三字耳雖欲勿用山川其舍諸即是告仲弓爾所不知
人其舍諸二語耳或者仲弓問政後夫子尚恐其不達因復告
以用人之法使不致爲葑菲之遺而其中又隱隱包括赦小過
之意如此又何必更辱其父乎乃若史遷以前蓋未有誤讀者
試引一條證之淮南子曰䶂屯犂牛既犐以犙決鼻而羈生子
而犧尸祝齋戒以沈諸河河伯豈羞其所從出辭而不享哉是
明明引用論語此章明明說用人不拘所出膠守史記家語者

可以返矣王充論衡直自定仲弓之父爲伯牛蓋見犁牛二字遂率意妄指之然絕不足據而毛奇齡作改錯極駁朱注行惡二字謂即宜言賤言不肖不宜言惡此乃祇許他人說不許朱子說耳其實亦不大相遠且西河亦只是放飯流歠而問無齒決者朱子說經最仔細最圓通而於此章則未免過執其云說書不必回護夫說書固不必回護亦豈可寃屈自有朱子之論而後人竟有見與舊例不合欲摘去曰字者嗚呼寃至此哉

呂覽博志曰孔子墨翟晝日諷誦習業夜親見文王周公旦而問焉用志如此其精也可作論語夢見周公之注

漢書樂志云春秋時陳公子完奔齊陳舜之後韶樂在焉故孔子適齊聞韶三月不知肉味曰不圖爲樂之至於斯美之甚也按集解引王肅曰爲作也不圖作韶樂至於此皇疏孔子至齊聞

齊君奏韶樂之盛而以爲痛傷故口忘味至於一時乃止也何以然齊是無道之君而濫奏聖王之樂器存人乖所以可傷慨故郭象曰傷器存而道廢得有聲而無時江熙曰和璧與瓦礫齊貴卞子所以惆悵虞韶與鄭衛比響仲尼所以永歎彌時忘味何遠情之深也按王意自當如皇疏邢疏則郢書燕說矣王氏之說不如漢書可從然亦可備一解也

或問衛君父子爭國夷齊兄弟讓國天然正反而先生與馮教諭登府書必以夷齊比夫子不比衛君何也余曰惟其父子爭國適與兄弟讓國之野說天然正反故自來無能解此者而吾知夷齊無讓國事在後而解此章書在前昔讀此書反覆疑之是時徐遠香元弟方館吾家與之辨論而愈惑憒懣三日夜豁然若有啟余者乃始知子貢問夷齊是比夫子不是比衛君竊謂

吾此說雖聖人復起不能易也　夫子貢之問是問夫子之爲不爲也今如常解乃是問衛君之當爲不當爲此是謬解即使問衛君當爲不當爲而夷齊與衛君何涉夷齊至孝衛君至不孝此猶堯舜至仁桀紂至不仁也天下豈有斷桀紂之獄而商量堯舜者則豈有斷衛君之獄而商量夷齊者夷齊仁而無怨則衛君爲不孝子萬一夷齊稍不仁夷齊稍有怨心則衛君爲孝子乎且夷齊何怨之有伯以父命叔以天倫各行其是怨於何生子貢以怨問夫子以無怨答畢竟伯叔怨著何事怨著何人夫聖人論古自有一定不易之常道若其處人家國之閒往往經權並用子貢來問夫子未必知之浸假夫子以常道答子貢而他日於衛君將並用其經權則夫子之爲不爲仍不可知子貢何得直斷其不爲況夫子之爲不爲子貢所不知若乃夷

齊之仁而無怨則豈有所不知而乃不問其不知仍問其所知既問其已知遂能豁然不可知之事子貢雖穎悟恐神不至此而夫子之不爲衛君竟不出所料此皆反覆之而令人廢食者也又況據時勢論之是時衛君年不過十歲靈公生於魯昭二年卒於魯哀二年年四十八而蒯聵爲其子出公爲其子之子蒯聵先有姊衛姊嫁孔圉則出公是時不過十歲內外不知拒父事且其父反顏事讎所謂納君者乃是欲滅衛之晉趙鞅浸假納之而衛之宗社爲墟將若之何此其時勢焉得以去國甚易之夷齊而並論之乎後以問馮教諭教諭報書以輒之拒父三傳皆無明文且曰輒即位時才九八歲耳非特不能拒父亦不知有拒父事其說是矣乃其原子貢之問則曰出公不能如夷齊讓國而逃其迹可疑而其心未嘗不怨夫既曰才八九歲而復曰不能如夷齊讓國而逃而又曰其心未嘗不怨可乎夫子貢

之問並非問衛君當爲不當爲也正是問夫子之爲不爲夷齊之世以臣伐君之世也夫子所居之國以子拒父之國也情事兩符處置亦宜一式然而夷齊高潔之士夫子則急於治世之人或者夫子視夷齊爲隱逸一流人物則於衛君或當爲之然則夷齊於衛君全不相及而於夫子則大有瓜葛何則紂之昏暴不可勝言武之伐萬不得已者也聵之凶逆不可勝言衛之拒萬不得已者也武不伐紂生民奈何衛不拒聵宗社奈何然而君臣之經不可沒也而夷齊適當其時然而父子之經不能廢也而夫子適處其國然而夫子既稱爲古之賢人而子貢復以怨問畢竟夷齊之怨誰怨乎曰怨武王也子貢之意以爲夫子但許夷齊爲賢人夫聖達節賢守節假令夷齊不助武王而深怨武王此即後世叩馬作歌之意則是二人者尚不達於萬不得已之故

而徒守硜硜之節者夫子豈肯出此如逸民章明曰我則異於是故復窮夷齊之心而以怨問自夫子答以求仁得仁又何怨然後知聖賢經權異用而於仁則萬無殊途之理夷齊此仁夫子亦此仁夷齊不仕武夫子豈爲衛乎故得直斷曰不爲從此而夷齊之心可知矣以君臣之名不助武王而武則實出於萬不得已何怨之有從此而夫子之心可知矣以父子之名不助衛人而衛則實出於萬不得已何怨之有所以伯夷之友如太公身佐武王而伯叔不以爲非夫子之弟子如子貢子路皆身仕衛君而夫子不以爲過若乃求仁得仁之仁字亦今古無確解但以讓國爲得心理之安則讓國正心所大不安正理所大不安者父欲立叔而伯逃而叔亦逃曩日遺命化爲烏有大逆死父矣於心安乎兄終弟及當時定制亂命本不足遵既欲遵之而終不得

遵萬一無中子可立則徇小名而斬國祚眞有如鮑駿責丁鴻所云者於理安乎然則仁字何解曰此即殷有三仁之仁也紂本應伐武本應助礙於君臣之分毋亦隱去之已耳此眞求心之安者此眞得理之安者此眞仁也至於讓國之說之妄詳見余夷齊讓國論中亦自謂卓然不刊之論由此而此章常解更不足恃矣即使夷齊果有讓國事而解此章書亦當置之不問何則以二人比夫子則辭明而義順以二人比衛君則語晦而理悖不知先儒何故舍康莊而故踐荆棘也仁和趙氏佑頗能疑二人無讓國事而以不能解論語之故遂不敢定其言曰若謂二人無讓國事則子貢何爲以衛君相比噫舊解之足以眩惑後人如此亦見眞解人之不易得也且如常解是以兄弟讓國比父子爭國也然則亦當以蒯輒並論不當專論出公夫伯

夷以天倫當立正是蒯聵影子叔齊以父命當立方是出公影子今以夷齊比衛君一人語例亦復畸重自來解家卽此眼前語例從未商量過也問衛君當爲不當爲只須問叔齊一人已足無緣牽連到伯夷身上叔齊重天倫而不重父命正與衛君重王父命而不重天倫相反則論叔齊以定衛君足矣今復論及伯夷豈子貢尚疑夫子將爲蒯聵耶吾嘗以極淺易語問同人假令夫子將爲衛君其答子貢之問將作何語將曰古之不賢人乎將曰不仁乎怨乎此是參究書理一法非戲語也若併此未嘗理會可解書耶若如吾解則可四通八達矣夫子不爲衛君故重視夷齊曰賢人曰求仁得仁曰何怨假令將爲衛君則論語孔叢皆有明例逸民章論二人曰不降其志不辱其身伯夷叔齊與而其自論則曰我則異於是無可無不可若當時

答子貢者如此則夫子爲衛君矣孔叢子載楚聘孔子宰予冉有入問曰太公勤身苦志八十而遇文王孰與許由之賢孔子曰許由獨善其身者也太公兼利天下者也然今世無文王之君也雖有太公孰能識之若當時答子貢者如此則夫子爲衛君矣　宰予冉有之問許由太公正與子貢之問伯夷叔齊一例若以夷齊比衛君將毋以太公許由比楚王耶

呂覽古樂篇高注引論語三分天下有其二以服事殷上有文王爲西伯五字按文義不加此五字甚明豈古本論語有此五字耶

論語所見人品以儀封人爲第一而達巷黨人次之其曰大哉孔子正夫子所謂大哉堯之爲君其曰博學正夫子所謂成功文章其曰無所成名正夫子所謂民無能名直見得夫子至德無

所不備而形容之盛亦無以過此故夫子聞而不敢受而假託於射御以示謙蓋雖郤之而未嘗不許之也不意春秋時有此巨眼人而尹氏以爲不知聖人過矣

顏子一生學力自知自言盡於喟然一歎中仰之彌高鑽之彌堅瞻之在前忽焉在後是自言其少時望道未見無從著力無從下手只是言道並非贊夫子之道集注謂深知夫子之道無窮盡無方體者似誤夫子循循然善誘人博我以文約我以禮欲罷不能是言我方無從著力下手一自夫子循循善誘博文約禮始知道在邇而前求諸遠道甚卑而前求諸高至此有力可著有手可下循序漸進無所不說自然不能歇力矣集注以欲罷不能屬之下節似又誤既竭吾才如有所立卓爾雖欲從之末由也已是言凡可下手處已無不下凡可著力處已無不著

然而吾才既竭而道猶未竟向時望道未見疑前疑後今則見之親切實實如有所立也向時仰彌高鑽彌堅今則仰之鑽之眞眞見其卓爾也到此地位又復無可著力無可下手雖欲從之末由也已是人力既盡而天者不可強也　程子謂顏子深知孔子胡氏謂見夫子所立之卓爾朱子謂深知夫子之道愚謂顏子說夫子只是循循然善誘人博我以文約我以禮十四字其餘皆不必黏夫子立說蓋有天即有道道非夫子之所刱也堯舜此道夫子此道顏子亦此道也顏子始未見道既因夫子而知道卒以才竭不能竟道喟然一章是言道之大夫子之善教不是知夫子而贊夫子也而聖道之大惟夫子能竟之此意卻在言外

何顗仙琳問後生可畏焉知來者之不如今也集注謂安知不似

我之今日恐聖人未免自是矣夫聖人豈肯視我之今日爲極地且以我律人而曰可畏曰不足畏是全以私意自處幾幾乎惟恐其如我之今日矣而可乎余曰可謂讀書不隨人後矣皇疏以今指我今日之生徒固已無理而邢疏指我之今日朱子從之向甚不以爲然君意疑之是也然而何解曰當以今字指後生今日來者即後生之四十五十言後生可畏然彼惡知來者筋力就衰不能如今日年富力強可以聞道乎至於四十五十而無聞焉斯亦不足畏矣意似較圓余謂此已足廢舊解矣然如君意所云則來者二字已是無聞之四十五十已是不足畏之四十五十如是則下二句贅設矣又且上後生句下至於等句皆從旁觀說獨以爲知句屬後生說則必須於爲知上加一彼字方妥又且筋力就衰年富力強並是添設矣西河論此

章書謂往來今昔從來祗屬一人言詩之始者不如今論語之往者不可諫來者猶可追皆是固不得以來者屬後生而以今屬我其說甚通而其解不如今則曰非不若今日也謂其與今日不相同也詞不達意語頗鶻突愚謂當以後生可畏焉五字爲句知來者之不如今也爲句今者後生之今日也來者自今日以至四十五十也不如者猶言不似也論語中開句用焉字如有君子之道四焉見賢思齊焉善爲我辭焉年四十而見惡焉之類皆是而此章則上云可畏焉下云無聞焉又自成章法若不如二字則論語中有宜訓不及者有宜訓不似者知之者不如好之者不如鄉人之善者好之不如學也不如仁人皆訓不及是也不如邱之好學也訓不如爲不似則見聖人雍容氣象無友不如己者訓不如爲不似則與道不同不相爲謀意一

貫若訓作不及己則始學者終無助矣吾不如老農吾不如老
圃兩不如亦訓不似爲合而此章則尤顯著者
子曰衣敝縕袍與衣狐貉者立而不恥者其由也與此二十字自
爲一章正如與片言可以折獄章一例毫無區別乃若不忮不
求何用不臧子路終身誦之子曰是道也何足以臧此二十三
字自爲一章而當分兩節不忮不求何用不臧子路終身誦之
三句爲一節蓋子路平日自守學問如此是論語文體常常有
之子曰是道也何足以臧三句爲一節蓋夫子進之之辭如此
是論語先叙後斷體常常有之如此則於聖賢兩下學問各不
牽强所謂章妥句適者唐棣之華章與此若合符節則有成例
矣又按史記引書好引全章而子路傳中引此章亦祇引衣敝
縕袍三句則疑太史公固亦分章而讀之者矣

齋必變食豈不茹葷之謂耶莊子人閒世曰不飲酒不茹葷是祭祀之齋然則不茹葷之齋莊周之時固已然矣莊子原本老子後世以爲道宗此其道家法耶若使聖門之齋亦是不飲酒不茹葷則自然素食已耳論語何爲言必變食耶畢竟如何變法不可詳矣若莊周以此語託之夫子顏淵自是寓言恐非實事

葷字從草本菜屬也蒼頡篇葷辛菜也管子立政篇曰瓜瓠葷菜百果不備具國之貧也荀子富國篇曰然後葷菜百蔬以澤量禮記玉藻篇曰有葷桃茢然則莊子所謂不茹葷論語集解所謂齋禁葷物者卽是不食辛菜耳故儀禮士相見禮注云葷辛物葱薤之屬不知何時始以肉食爲葷食也

煙嶼樓讀書志卷第八

鄞蘗學齋徐方來
弢士用活字板印

煙嶼樓讀書志卷第九

鄞　徐　時棟　同叔

經九

論語

或問毛西河分從陳蔡及德行節爲兩章本之史記以駁集注語頗支離程子曰四科乃從夫子於陳蔡者爾門人之賢固不止此曾子傳道而不與焉故知十哲世俗論也和平通達眞善讀聖賢書者乃其於改錯極駁集注置程子語於不問及稽求篇則及之乃曰經貴闕疑不必鑿鑿遁辭知窮無足深詰獨於其言有二疑焉其一言此時伯牛閔騫輩皆不可考究有可考者否余曰聖門事蹟不見他書而獨載論語者往往而有不必定

以不可考而疑之也然伯牛一人則固明明可考尸子仲尼之意篇曰孔子爲司寇以冉耕爲中都宰嘗從阨於陳蔡之閒白虎通壽命章淮南精神訓並云伯牛爲厲又見論衡家語其一言冉求一人明明於哀公三年爲康子所召又三年而後及陳蔡之難其時冉求正仕魯至哀十一年尚爲季氏帥師戰清見於左傳即此一人顯然不從陳蔡其語似非無據余曰此全然無據之言康子召冉求在哀公三年陳蔡之難在哀公六年焉知此三年中冉子必仕魯而不從夫子至哀公十一年爲季氏帥師與陳蔡之阨相距又五年與康子之召相距又八年豈得蒙混併爲一時事須知阨陳蔡時冉子正不仕魯而從夫子哀公三年康子奉命召冉子及十一年清之戰與冉子議國事而冉子有戰功正史記所謂康子之召非小用將大用者乃哀六

年魯伐邾七年魯伐邾八年魯復有吳師其時季孫秉國國家多事而所謂非小用將大用之人絕不一見有是理耶且世家載康子召冉有後越三歲始阨陳蔡已而楚昭王以師迎孔子而孔子之楚其秋昭王卒於城父孔子遂自楚反衛皆哀公六年事當是時衛國大亂邦人洶洶正名一論史公明述其語雖不及冉子而夫子爲衛君之問必在此時可斷斷無疑者也乃朱子注衛君待子章以爲魯哀之十年西河駁正之曰此六年事非十年事也然則同一衛事子路之問既在魯哀之六年而冉子之問必令遲至哀公十一年戰淸以後何故又孔叢子記問篇曰楚王使使奉金幣聘孔子宰予冉有曰夫子之道至是行矣遂請見云云然則楚聘夫子時冉子方從夫子明證確據之不一而足如此又且檀弓稱夫子將之荆（楚人聘夫子但只一見故孔疏定爲）

哀公六年事蓋先之以子夏又申之以冉有是則冉有與難陳蔡而先夫子至楚明載禮記從夫子自楚反衛而與子貢商衛事明載論語論語禮記尚非僻書何嘵嘵耶　凡說古事苟無赤柄必不可武斷哀公十四年子路尚仕魯明年卽死衛難子貢從夫子阨陳蔡史傳之有明證者乃哀六年阨陳蔡而哀七年卽有康子使子貢辭太宰嚭之事二年之閒尚不能定其往返而況首尾相距九年而曰此必歲歲仕魯豈理也哉　曰然則其謂鄭皇諸家皆分兩章豈先儒皆錯耶余曰是不然凡經傳各有師承卽如史公讀此章以爲夫子己語其作弟子列傳序首稱孔子曰下卽接德行節柴也愚節回也屢空節連貫成文宛如後世集句者然其伯牛仲弓子游諸傳無不以此節爲孔子語而要是史記錯而集注不錯夫說經而先執成見則左袒右

祖但視吾舌可矣西河極惡朱子凡同集注者即爲非異集注者即爲是固不問皇鄭也且吾有大駭者鄭注論語雖亡而邢氏疏德行節明曰鄭氏以合前章今忽云康成以爲此節與前節不連爲一章此又出何本耶

請子之車以爲之椁注欲賣車以買椁也竊謂假人財物未有坐索此物使之賣鬻以爲我用之理況夫子荅以鯉死無椁又曰吾不徒行以爲之椁又似夫子家中別無可賣之物苟欲用椁必須賣此一車以爲之者則亦不可通矣（記前人亦有致疑者不知其作何解忘之矣）按管子乘馬篇曰汎山其木可以爲棺可以爲車斤斧得入焉十而當一又曰林其木可以爲棺可以爲車斤斧得入焉五而當一（一之三十）然則請子之車者蓋夫子之車其大木有可以爲椁材者故請以爲之曰以爲之椁曰不徒行以爲之椁是實以

車爲椁非賣車以買椁也蓋古人棺椁之制非尋常之木可爲者惟可以爲車之木始可爲椁如左傳所云美檟（襄二）柏椁（定元）之類顔子卒時適無此木故請車以爲之也　或謂管子但云可以爲車可以爲棺而不言可以爲椁殊不知古人棺椁之材固自通用檀弓云天子崩三月天下服虞人致百祀之木可以爲棺椁者斬之按此時既已斂殯何爲尙致爲棺之木可知可以爲棺者卽可以爲椁也疏謂可以爲周棺之椁者則語既添設義亦不順又按孟子中充虞問椁木太美而孟子答以古者棺椁無度亦見棺椁之材固可以通用也　明人何孟春家語傳序曰顔淵死顔路請子之車子曰鯉也死有棺而無椁校以家語所紀歲年子淵死時子魚蓋無恙也或以論語爲設事之辭云云噫俗儒妄言乃有至此者聖人亦人情豈有其子儼然無

恚而云云者且無論其他即語氣觀之已死耶未死耶信王肅僞家語而武斷於經文眞不祥之說哉

論語兩不可則止孫季昭示兒編並解作有所不可之事則必止之使勿爲余謂問友章斷不可從以下句毋自辱焉不可解也季昭亦勉强解說謂毋使此友從而有辱然究不如常解之順蔡中郎正交論云惡則忠告善誨之否則止毋自辱焉亦常解也若大臣以道事君不可則止余前亦謂孫解非是以常解有大臣氣象若孫解不過是爭臣耳今余又欲依之以備一說郤不在不可則止句看出而在下文從之者與從字看出試妄言之蓋由求雖未入室顧亦聖門之選豈僅僅不從弑逆之人哉不從弑逆稍知廉恥者皆能之何獨由求若謂此語是陰折季氏不臣之心則僅此二人不從彼亦何所忌憚哉故擬音從爲

縱而解之曰所謂大臣者平日以道事君有所不可之事則能以道止之使勿爲今二子者無此力量可謂具臣耳只如論語所載旅泰山聚斂伐顓臾諸事亦即不能止之證於是季子然因夫子之言遂疑二子縱忩君欲無不從命者曰然則是從與縱同君者與從君者猶言一聽君之所爲而事事不能諫阻之也夫子曰二子若遇弒逆之事則力能止之使不爲亦必不肯任縱之也蓋平時但知食祿忠主之爲義卻不於道上細細揆度至遇非常之變則必犯顏極諫改而後已所謂臨大節而不可奪也如此似於二子身分稍合

攝乎大國之閒集注但云攝管束也而不引申其義管束乎大國之閒語頗難曉謂是爲大國所管束則之閒二字何解按集解引包注以至皇邢二疏無不云攝迫也於義甚通不知朱子何

故舍之而改爲管束也漢書五行志下之上攝乎晉楚之閒注云
攝收持也亦不可解
文猶質也質猶文也集注云言文質等耳不可相無又云子成矯
當時之弊固失之過而子貢矯子成之弊又無本末輕重之差
胥失之矣愚按此二句與下二句文氣直下本無轉折此二猶
字與下猶字意義相同亦無正反然則此二語是子貢述子成
之意謂苟如子言是文無異於質也質無異於文也則虎豹之
鞟無異於犬羊之鞟矣若如集注解作子貢正意則下二句萬
不可接故必須加若必盡去其文而獨存其質十一字而後可
遞入下句則似乎添設矣至集注責子貢失言愚亦以爲非也
即使子貢此言果如集注文質等耳不可相無之意則其言正
與孔子質勝文則野文勝質則史文質彬彬然後君子之語相

合夫彬彬爲君子質勝文之非君子無疑也而必欲以質爲本爲重則是必質勝文而後君子則幷孔子之言亦失之矣乃集注於質勝文章引楊氏語直謂質可勝文文不可勝質而曰與其史也甯野然則宋儒於孔門文質之論固未心悅誠服特不敢顯議孔子耳而於子貢又何惜譏議之乎　或謂楊氏與史甯野之說蓋本之先進章子曰先進於禮樂野人也又曰如用之則吾從先進程子以文質得宜爲先進之禮樂以文過其質爲後進之禮樂故楊氏本之按先進章之野人豈可與質勝文之野字相混若兩野字可混則後進禮樂之君子可混於文質彬彬之君子矣且禮樂與文質有何關涉是時世衰道喪禮樂僭亂即論語中孔子之言如非其鬼而祭鄭聲亂雅樂管氏有反坫季氏舞八佾之類皆所謂後進之禮樂而當時反以爲君

子者此豈可謂之文過其質乎且禮樂皆文也故孔子曰文之以禮樂此豈可以質字參入之乎禮樂自禮樂文質自文質苟欲以文質言禮樂則禮樂者文而已矣　與史甯野之説非但顯違此章彬彬之教又與孔子他日之言全然相反夏尙忠商尙質周尙文而孔子曰周監於二代郁郁乎文哉吾從周質之不可勝文也如此此記黃南雷未刻稿中有文一篇謂三代以下日趨簡陋有質無文駸駸有禮崩樂壞之懼其言極詳明與宋儒周末文勝之説相反

范亦汾邦楨問子張問士何如斯可謂之達矣須以士何如斯可謂之達矣九字爲句若斷子張問士爲句不應子張開口但説一士字復説下句余曰此所謂知其一不知其二者論語所記又有子張問政子張問士子張問明子張問仁於孔子不應子

張皆開口但說一字而更無餘語凡一書記敘皆有體裁其問曰者是并其問語記之其但有一問字而無曰字者則是問語尙多記者但書孔子答語而推其原始則書某問某謂孔子此語因某人問某事發耳即如上章記季康子問政於孔子下接曰如殺無道以就有道何如蓋不記問政二字則無道有道所指何事不記下句則孔子爲用殺語無根若其開端問政之語不足記也此章亦然故上書子張問士下接何如斯可謂之達矣蓋不記問士二字則達字奚屬不記下句則孔子爾所謂達語無根若其開端問士之語不足記也知此然後知論語無字中有多少言語在故問孝問仁問政問士問君子皆不一而足而孔子答語言人人殊蓋當時各有意見議論進質函丈孔子取其言裁斷之故所聞異辭耳

集注曰葉公不知孔子必有非所問而問者故子路不對此見語
言於無字中也從此可類推矣
曰然則對病發藥之說非耶余曰吾最不喜對病發藥之說然未嘗無之子路問聞斯行諸孔子以其兼人而曰如之何聞斯行之冉有問聞斯行諸孔子以其退也而曰聞斯行之此對病發藥也然而公西華即已疑之記者并記其語無煩後人代爲補救矣若其他則當時更無疑義記者更無餘語聖訓明白爲所謂對發焉所謂補救且如顏子夫子許其三月不違仁而至其問仁乃反告之以一日克己復禮且如子路孔子許其兼人許其果而至其問政乃反告之以先勞無倦孔子又許其片言折獄論語稱其無宿諾傳稱小邾信其一言而至其問事君乃反告之以勿欺豈有子路而欺君者後人謂犯非子路所難而難

於勿欺妄語可笑

後漢書獨行傳序孔子曰與其不得中庸必也狂狷乎又云狂者進取狷者有所不爲也首句與今異文四句本連貫而中有又云字皆古人引書常事章懷注下二句謂此是錄論語者因孔子之言而釋狂狷之人也按語例四句皆屬孔子口語斷非記者釋辭且上稱孔子曰下稱又云是范氏亦明以爲孔子語章懷蓋以四句連文而范忽分引之故疑下二句爲釋辭耳誤矣

范氏既引此書復申之曰此蓋失於周旋之道而取諸偏至之端者也然則有所不爲亦將有所必爲者矣既云進取亦將有所不取者矣按有所必爲即是進取有所不取即是有所不爲如是狂無異於狷狷無異於狂聖人復何故爲是區別耶

或問子産子西管仲孔子抑子西而美二人後儒謂孔子雖美二

人然仲不如產言外自見余按荀子大略篇引孔子語謂子家駒不如晏子晏子不如子產子產不如管仲然則謂孔子意仲不如產者非也

作者七人矣包氏咸注謂荷蕢荷蓧儀封人晨門楚狂接輿長沮桀溺袁俊翁四書疑質謂封人以得時行道爲心不與六人同行當以微生畝易之愚謂皆非也孔子論作者七人並未顯然指出豈早已逆料門弟子他日將爲論語一書必能將此七人者一一散見之論語中耶況時至季世隱逸者多或爲孔子所未見或雖見之而不載在論語中者豈能遽定其人數耶然則當指何人曰聖言隱約非千載後人所知必求其人以實之則莫如王氏弼之伯夷叔齊虞仲夷逸朱張柳下惠少連蓋此七人者曾經孔子論定而目之以爲逸民者也　康成以七爲十

之譌加荷蓧沮溺荷蕢楚狂而去夷逸朱張似非按風俗通十反篇曰孔子嘉虞仲夷逸作者七人王注本此宋儒張程以伏羲神農黃帝堯舜禹湯爲七人更非按上章云避世也

宋景德中賈邊試當仁不讓於師論以師爲衆與注疏異時王文正爲相以爲特立異說將令後生務爲穿鑿破壞科場漸不可啟遂黜之余謂此正論而非通論也凡代聖立言闡發經旨只求其是耳古人注釋豈無千慮之一失後人心思豈無千慮之一得哉主試但當觀其論之通否不當執立學官之注家以沈錮天下萬世之耳目也後世專尊朱子一句一字不敢擬議其實非朱子所望於學者之心也

吾豈匏瓜也哉焉能繫而不食注家紛紛至有解作天星者則世豈有食天星者抑豈有天星而能食者耶將何以解不食二字

按魯語苦匏不材於人共濟而已然則匏瓜即苦匏所以繫腰而濟者中流失船一壺千金壺即是匏又詩曰匏有苦葉濟有深涉以經解經詩與國語自有明證凡瓜皆供人食惟此瓜味苦不可食但以濟人而已故曰繫而不食繫非繫於生瓜處也謂繫之以濟耳集注謂匏瓜繫於一處而不能飲食此注實誤凡一切草木果實何一非繫於一處而不能飲食者何必匏瓜而以之取義乎蓋聖人以用世爲心時行時止無所偏執若僅知守正而不知達權是猶物中之匏瓜僅足供人濟渡而不可使人食也大旨如此或曰物之可用不可食者多矣何以必指匏瓜余謂此又不可泥者室中適有此物偶爾指點及之亦復何關深義譬如孟懿子問孝而適遇樊遲御遂告樊遲季氏旅泰山而適遇林放問禮遂及林放又如以杖叩原壤手中適有

杖遂語畢而叩之不是徧地覓得杖來而叩其脛也朱子注詩匏有苦葉明以匏爲濟水之用不知注論語何故舍之而别尋一義也集注說義理極精當亦有必須商定者此類是也

患得患失論語中不過數言而荀子子道篇說苑雜言篇家語在厄篇甚詳是子路問而孔子答者

子路曰不仕無義節集注云福州有國初時寫本路下有反子二字以此爲子路反而孔子言之也未知是否云云愚謂此必宋初妄人增之者其意甚輕子路以爲此言必孔子然後能說若子路者不能道也故妄增之

子皮曰吾聞君子務知大者遠者小人務知小者近者子貢曰賢者識其大者不賢者識其小者語意正同似當讀識作不識不知之識不必定音志也

曰予小子履節皆引成湯禱旱之誓非伐桀之誓也語見余逸湯
誓考中國語引此明稱湯誓墨子引之較詳獨稱湯說後人論
議紛紛吾考中既引周禮及呂覽兩說字以解湯說之義今又
得一確證焉金縢曰乃得周公所自以爲功代武王之說夫此
祝告之詞也上云乃告太王王季文王又云史乃册祝又云納
册金縢之匱中今不曰告不曰祝不曰册而曰說可知祝告之
詞古人本稱爲說禱旱之誓全記成湯告祝之詞而稱說又何
疑耶以書證書其證較周禮呂覽尤確前未見及而逸湯誓考
已刊刻故補記於此

讀書爲儒生豈有孔子生卒而漫不考究之理特吾不解赫赫憑
據在三傳而儒者猶紛紛聚訟眞可怪也孔子之生公穀並載
於襄二十一年之末公羊云十有一月庚子孔子生穀梁則繫

於經書冬十月日食及曹伯來朝及會商任三事之後是十月庚子也二十一年同庚子同惟十月十一月互異而以經書十月庚辰朔推之十一月不得有庚子公羊之誤顯然然則孔子生於周靈王二十年魯襄公二十一年己酉歲十月二十一日斷斷無疑者也乃說者謂公羊書月已訛豈盡可據因噎廢食以偶然書月之訛而欲盡廢其年日之與他書符合者已非公論若穀梁則年月日無一可駁詰矣而又欲以公羊偶然之訛并廢穀梁之無一可駁詰者是又何心耶蓋朱子論語集注序說引史記世家曰以魯襄公二十二年庚戌之歲十一月庚子生孔子於魯昌平鄉陬邑遂疑朱子主史記夫史記載三代事多臆測武斷卽如紀舜年謂舜年六十一代堯踐帝位三十九年南巡狩崩於蒼梧之野是以舜年爲百歲明明與尚書堯典

舜生三十徵庸三十在位五十載陟方乃死其年百有十歲之說背謬夏史官之紀舜年何異於七十子之紀孔子生年今舍七十子之說而下信數百年後之司馬遷是何異舍尙書而信史記而謂舜年百歲耶況朱子於序說雖采史記而往往駁正其事如記定公十四年攝相諸事則卽以魯世家駁之記顏濁鄒事則以孟子駁之記絕糧陳蔡事則以論語駁之記歸與之歎則直以不然駁之記書社封孔子事則直以無此理駁之然則於其所記生年豈能深信不惑則何得以其未定之說而謂朱子專以史記爲憑耶且朱子所引史記非盡史記原文也考史記孔子世家云孔子生魯昌平鄉陬邑魯襄公二十二年而孔子生其文如是並無庚戌之歲十一月庚子等語而朱子乃引之如彼江愼修謂以公羊十一月庚子繫之史記二十二年

是朱子偶失檢而誤愚則謂朱子屢以他書駁正史記何至以史記所本無之語而據他書以湊合之耶蓋朱子既引史記魯襄二十二年之文而疑不敢信因以公羊襄二十一年十一月庚子之文參注其旁屬草未就或爲傳寫者所連併後儒篤信朱子一字不敢擬議見序說引史記遂謂孔子必生於魯襄之二十二年并史記原文不暇一覆按之亦可怪已又且史記世家記孔子事非天降而地出也其所記亦不過采之三傳論孟諸子雜家之中孔子生卒別無他見但見三傳卒年月日見左傳既全據之不易一字而生年月日僅見公穀若不據公穀更據何書乎庚子之日公穀並同而十月十一月二傳互異史公略其月日而其年則必據公穀無疑也乃公穀此傳並在二十一年之末下即緊接二十二年史公讀書荒忽誤視旁行遂妄

記之爲二十二年序說之誤史記之誤皆以愚意妄爲揣測如此然揣序說者愚尚未敢自信若揣史記者則雖史公復生必當啞然失笑前輩但知史記與公穀違異而不知史記實本公穀愚此說亦旁參互稽久而後得之者頗自以爲必無大謬然則孔子生年尚可不據公穀乎史記荒忽如此類者不一而足卽如記顏濁鄒謂是子路妻兄彼亦非別有所據實乃見孟子有於衛主顏讎由彌子之妻與子路之妻兄弟也之文而誤以彌子以下十二字屬上句解遂有子路妻兄之說此前人說也忘其出矣然則孔子生年與公穀差一年之故亦必是誤視旁行無疑也然則史記尚可據乎宋景濂作孔子生卒歲月辨力主公穀是猶謂論語子曰是春秋時孔子之言孟子曰是戰國時孟子輿之言其說本極平常而後人乃謂其無確然不易之證夫以七十子所傳春秋中之語爲據而尚非確然不易則天下無可讀之書矣大約春秋時事經傳並有者以經爲據三傳並有者以左傳

爲據今孔子生年爲左傳所無若不據公穀更據何書耶公穀事與左傳多違異吾極不信之至此事則左氏不載公穀以古今一人之至聖於是特以生年附書傳中此豈有考據不確而敢漫然書之者乎而況其人於聖門授受固有淵源此豈尚慮其不能的知聖人之生年乎至公羊十有一月之誤或偶然錯記或傳寫偶衍皆爲事理所有證之以經而穀梁毫髮無誤而尙紛紛何耶後余讀經典釋文見其公羊音義於庚子孔子生下釋云傳文上有十月庚辰此亦十月也一本作十一月庚子然後知陸氏所據公羊傳實無十有一月四字今通行何休解詁本有此四字者即陸氏所謂一本一本者别本也然則公羊實本不誤而别本傳寫誤之然則公穀並是十月庚子孔子生兩傳合符節而又何疑矣何休注公羊多妄語即如此條不能辨十有一月四字之非善本其精審

不及陸氏又注云時歲在乙卯與左氏違異亦不足憑耳

金仁山履祥通鑑前篇既主史記又謂襄公二十一年日再食決非生聖人之年此尤庸陋可笑楊士勛穀梁疏謂此年與二十四年皆頻月日食據今歷無有頻食之理又前儒謂春秋及漢高紀中連月日食者皆史誤衍余固未敢以此說爲必然然即頻月日食而遂不可生聖人此是何理天不生孔子於堯舜揖讓之世而獨生於亂臣賊子接踵之春秋此豈有理可解者乎而何論日食不日食乎且前編中大書釋氏生年畔道如此是尚可與論孔子生年者乎又且仁山既書釋氏生於庚戌歲又書孔子生於庚戌歲是明明援墨入儒使之後先同庚戌也而釋氏生於昭王二十二年之庚戌孔子生於靈王二十一年之庚戌是明明駕釋於孔使釋氏先孔子以八庚戌也是其居心恐不止庸陋矣　夏氏洪基

曰孔子生於襄二十二年至哀十六年乃爲七十三歲史記所紀正得其實則吾又不解七十三歲之說出於何經何傳而乃驚喜其年數之適合也若亦出自史記則此等直截算法人人盡曉由庚戌至壬戌自是七十三歲而遂得其實耶　史記孔子世家云魯襄公二十二年而孔子生（二十二年爲庚戌誤也當云二十一年是歲己酉）自此一誤無之而不誤矣故其後云魯昭公之二十年而孔子蓋年三十矣（是歲己卯當三十一蓋者疑詞豈史公亦不敢自信耶）又云孔子年四十二魯昭公卒于乾侯（是歲辛卯當四十三）又云定公九年是歲孔子年五十（是歲庚子當五十二按其前後皆差一年此獨差二年或吾所據本脫一字耶）又云定公十四年孔子年五十六（是歲乙巳當五十七）又云是歲魯哀公三年而孔子年六十矣（是歲己酉當六十一）又云孔子年六十三而魯哀公六年也（是歲壬子當六十四）又云孔子年七十三以魯哀公十六年四月己丑卒（是歲壬戌當七

十四裴氏集解張氏正義皆不糾正獨小司馬索隱以公羊傳正之而其語多不可解試附論之其於襄公二十二年孔子生下注云公羊傳襄公二十一年十有一月庚子孔子生今以爲二十二年蓋以周正十一月屬明年故誤也夫謂春秋用周正耶則十一月自是戌月古無建戌爲正者何爲屬明年耶謂春秋用夏正耶則周正十一月當夏正九月何爲屬明年耶謂周正以十一月爲歲首耶則春秋非史記秦本紀並無以十月爲歲首而以之編年者何爲以十一月屬明年耶此其揣測史公致誤之由遠不如吾誤視旁行之說　至孔子卒年在哀公十六年夏四月己丑此本之弟子續經及左氏傳中後人無敢有異說者然則孔子卒於周敬王四十一年壬戌歲四月己丑日年七十有四杜預云四月十八日乙丑無己丑己丑五月十二日

日月必有誤按續經十四年五月書庚申朔八月書辛丑至此年正月始書己卯四月書己丑由十四年五月庚申朔推之十六年四月中間約二月一小建則是年正月當庚戌朔己卯在其月之三十日四月當己卯朔己丑在其月之十一日惟十五年傳秋閒有閏月則是年四月當戊申朔而月中無己丑審矣此或已乙形近之訛或前年閏月閏字之譌皆非千載後人所能臆斷而孔子卒於哀十六年四月年七十四則斷斷無疑者也特杜氏於孔子生年不信公穀而信史記哀十六續經注中明言之而昭七傳注云孟僖子卒時孔子年三十五則是生於襄公二十一年又主公穀矣一家之言矛盾如此可怪也

煙嶼樓讀書志卷第九

著雍涒灘之歲孟秋
月鄞徐氏蘧學齋印

煙嶼樓讀書志卷第十

鄞 徐時棟 同叔

經十

孟子

毛大可謂孟子不道桓文之事然孟子自爲文多襲管子如省刑罰薄稅斂(按見小匡)規矩方員之正也雖有巧目利手不如規矩之正方員也(法法)諸侯毋專殺大臣毋曲隄毋貯粟(□□□)毋擅廢適子毋置妾以爲妻(霸形)使稅者百一鍾孤幼不刑澤梁時縱關譏而不征市書而不賦(又)以善勝人者未有能服人者也以善養人者未有不勝人者也(戒篇)以上並見其所著四書賸言補中或嘗舉此爲問余笑曰此妄語也古人著書往往雷同固不必抄

說也況孟子一生輕視管晏卽使今本管子果在孟子之前孟子未必襲之而乃以戰國時人私意增删眞贋雜出之書而謂孟子襲之非夢語乎且大可所數未盡也試終舉之五輔篇曰大者欲王天下小者欲伯諸侯（大則以王小則以伯）又曰小者兵挫而地削大者身死而國亡（暴其民甚則身死國亡不甚則身危國削）又曰關譏而不征市鄽而不稅小匡曰使關市幾而不正壥而不稅戒篇曰關幾而不正市正而不布（關市譏而不征市廛而不征關譏而不征廛無夫里之布）宙合篇曰若合符然（若合符節）法法篇曰故巧者能生規矩不能廢規矩而正方員（公輸子之巧不以規矩不能成方圓）中匡曰薄稅斂輕刑罰（省刑罰薄稅斂）霸形曰民歸之如流水（民歸之由水之就下）戒篇曰千乘之國不以其道予之不受也（不義與之齊國而弗受）又曰以德予人者謂之仁以財予人者謂之良（分人以財謂之惠教人以善謂之忠）心術上曰耳目者視聽之官也（耳目之官）臣乘馬曰

彼王者不奪民時不違農時勿奪其時彼奪其民時國蓄篇曰狗彘食人食狗彘食人食又曰道有餓民塗有餓莩野有餓莩法法曰故上之所好民必甚焉上有好者下必有甚焉者矣其他字句相類不可更僕數也然且非特孟子也孔子亦生管仲之後者也而管子法法曰先難而後易先難而後獲又曰政者正也政者正也戒篇曰故天不動四時之下而萬物化天何言哉四時行焉百物生焉又曰孝弟者仁之祖也孝弟也者其爲仁之本與小稱篇曰身不善之患毋患人莫己知不患莫己知求爲可知也小問篇曰夫寡非有國者之患也邱也聞有國有家者不患寡禁藏篇曰鑽燧易火鑽燧改火弟子職曰出入恭敬如見賓客出門如見大賓又曰先生將食弟子饌饋有酒食先生饌形勢解曰君不君臣不臣父不父子不子信如君不君臣不臣父不父子不子又曰事父母而不盡力事父母能竭其力版法解曰己之所不安勿施於人己所不欲勿施於人又曰故君子惡稱人之惡子貢曰君子亦有惡乎子曰有惡惡稱人

之惡者山之數曰民富君無與貧民貧君無與富百姓足君孰與不足百姓不足君孰與足皆與論語意義相同則不應夫子與及門垂訓教人而多襲管子也又且靜而安法禁即靜而后能安也聞賢而不舉殆法法即見賢而不能舉舉而不能先命也菑必及於身宙合即菑必逮夫身也生財有常法君臣上即生財有大道也故上不行則民不從法法即其所令反其所好而民不從也視則不見聽則不聞白心即視而不見聽而不聞也是大學又襲管子也又且蹈白刃法法即白刃可蹈也繼絕世霸言即繼絕世也如日月之明任法即如日月之代明也天之所覆地之所載侈靡即天之所覆地之所載也書同名車同軌君臣上即車同軌書同文也是中庸又襲管子也吾不意一部四書中襲管子者何以多至於此乃至左傳其全襲者無論矣即非本事而自爲文者則亦有一而伐之服而舍

之（霸言）易子而食之析骸而爨之（參患）賤不踰貴少不凌長遠不閒親新不閒舊小不加大淫不破義等語豈左氏襲管子耶乃至於詩其引用者無論矣即非引用而自爲文者則亦有人而無良（宙合）夙興夜寐小心翼翼執事有恪其儀不忒（弟子職）等語豈三百篇又襲管子耶大可既讀管子而獨疑孟子不謂之夢語得乎又況孟子之與管子非但不肯相襲且有全然相反者孟子一書道伯業者齊桓葵邱之會耳而其所述盟辭與管子幼官篇及幼官圖中所載會諸侯之令絕不相同顯證一也盟辭中所云毋貯粟毋曲隄毋擅廢適子毋置妾以爲妻等語（此依管子文也與孟子大同小異）管子伯形篇中亦載之而是桓公與楚王遇於召陵而令於遇上之辭與孟子所云葵邱者絕異顯證二也又孟子載齊景欲觀轉附朝儛一節文管子亦載其略乃是桓公問而

管仲答者又與孟子景問晏答絕異顯證三也乃不意大可又張目言之曰至於齊景公謂晏子吾欲觀於轉附朝儛一節則全襲齊桓事而易其名與語者此則不謂之病狂喪心不得矣夫孟子既攤管子而襲其文何故而易其名與語者夫五伯桓公爲盛孟子之言也涕出而女於吳孟子之言也則二君者由孟子之言固桓優於景也子誠齊人知管仲晏子而已矣孟子之言也則二臣者由孟子之言無分優劣也吾不解孟子此時復何惡於桓仲復何愛於景晏而以生平節取之詞忽易爲愛惡變幻之說而攤管子而襲其文而故易其名與語而以桓仲爲景晏也而大可云云此非病狂喪心之說乎然且孟子詳而管子略孟子述夏諺數十言而管子無之孟子述聞諫以後諸善政而管子無之孟子述太師樂章而管子無之則豈有全襲

人書而故造爲始末以欺人者然且此事非特管子戒篇有之即晏子春秋問篇亦載之其言較詳於管子而轉略於孟子大可既讀管子亦當並讀晏子苟讀晏子則亦當詳愼審視之反覆辨難之謂此事也果桓公耶果景公耶果管仲對耶果晏子對耶果孟子襲管晏耶果管晏襲孟子耶抑桓景並有此事而兩臣之對適相合耶抑三書各自爲文而所聞異辭以致詳略互異耶乃全不參究全不考核而遽以襲之一字誣我孟子又以易之一字重誣我孟子其不謂之病狂而喪心者乎　管子戒篇曰桓公問於管仲曰我游猶軸轉斛南至琅邪司馬曰亦先王之游也何謂也管仲對曰先王之游也春出原農事之不本者謂之游秋出補人之不足者謂之夕夫師行而糧食其民者謂之亡從樂而不反者謂之荒先王有游夕之業於人無荒

亡之行於身桓公退再拜命曰寶法也如此是但有我游之願而因諫而止固未嘗一出也則孟子所謂出舍於郊云云者眞是劈空造典故矣於是晏子加詳焉問篇下曰景公出游問於晏子曰吾欲觀於轉附朝儛遵海而南至於琅琊寡人何修則夫先王之游晏子再拜曰善哉君之問也聞天子之諸侯爲巡狩諸侯之天子爲述職春省耕而補不足者謂之游秋省實而助不給者謂之豫夏諺曰吾君不游我曷以休吾君不豫我曷以助一遊一豫爲諸侯度今君之游不然師行而糧食貧苦不補勞者不息夫從南歷時而不反謂之流從下而不反謂之連從獸而不歸謂之荒從樂而不歸謂之亡古者聖王無流連之游荒亡之行公曰善命吏計公掌之粟籍長幼貧氓之數吏所委發廩出粟以予貧民者三千鍾公所身見癃老者七十人振

贍之然後歸也是又明明襲孟子文而故抄變其詞爲同異者
且孟子中自吾王不遊至爲諸侯憂六十五字並夏諺文故晏
子引之而復以己意釋流連荒亡四字作晏子者不知皆是諺
詞誤以今也之今爲晏子時特改此句作今君之遊不然然則
孟子中惟君所行也五字不可解矣此又抄竊之顯然者　凡
述古以諫者必稱述古事既完以後以今事參合而折衷之此
古人定例孟子中無不如此如對齊宣交鄰國之問自詩云王
赫斯怒至武王亦一怒而安天下之民皆述古事也下始以今
王亦一怒斷之又如對謀救燕之問自書曰湯一征至后來其
蘇皆述古事也下始以今燕虐其民斷之又如答萬章宋行王
政之問自湯居亳至于湯有光皆述古事也下始以不行王政
云爾斷之又如對滕文事大國之問自昔者太王至效死勿去

皆述古事也下始以君請擇於斯二者斷之雪宮章晏子對景公自天子適諸侯至謂之亡皆述古事也下始以先王無流連之樂荒亡之行惟君所行也斷之且惟君所行正與君請擇於斯二者語意脗合爲諸侯度一也爲諸侯憂二也皆古人已事也故曰惟君所行言二者惟君自擇之耳猶之去邠邑岐一也效死勿去二也皆古人已事也故曰擇於二者若以爲諸侯憂一截作眼前事則齊景已是流連荒亡晏子但當戒以無然如孟子告梁惠以王無罪歲告齊宣以王速出令之類何得云惟君所行乎故知今也不然之今是古之今而非今之今也　管子記問遊事凡一百八字晏子凡二百二十八字而孟子最詳凡二百六十三字即以詳略論亦可見管晏之襲孟子何則古人引書有删節而無增加也況孟子所載有條有理有始有末

乎然則管晏皆僞書乎曰管子眞僞錯出晏子則諫上諫下二篇當是眞本問篇以後則抄左傳抄孟子抄國語抄墨子抄韓非抄呂覽大約戰國時人極推重管晏好事者取其書更易補苴以傳於世耳　或曰據孟子則問遊事自當屬晏子管子書僞矣若晏子則豈有不載之理曰此又不可執一論也夫子相魯及聘列國諸事蹟他書載之綦詳而反不見於論語雖孟子行事亦往往見於他說而孟子無之夫著書非作傳也不必載也　毛大可曰余幼讀師行而糧食句疑糧食二字難通似有脫誤今始知糧食其民爲確不可易也按此語又妄夫師行糧食者謂從行之衆皆飽食也猶孟子云行者有裹糧也行而裹糧亦何足異然以流連荒亡之故從行甚衆徒費食用則可異也而況行者飽食而居民則又無所得食也故即繼之曰飢者

弗食而行者雖得食而疲勞於道路不得休息也故又繼之曰勞者弗息其義甚明有何難通作管子者抄變其詞以師行而糧食者謂之亡語不可通於是加其民二字而曰師行而糧食其民者謂之亡其義遂與孟子迥別而大可乃欲補孟子非妄語乎且此食字與下息字應字爲韻若加其民二字則二句無韻矣又且晏子亦曰今君之游不然師行而糧食貧苦不補勞者不息是作晏子者所見孟子實無其民二字若孟子有脫誤不應晏子亦脫誤此二字故曰妄也　大可又曰轉附朝儛爲猶軸轉斛之誤亦亥豕之最可驗者余謂此又妄也尹知章注管子曰言我之遊必有所濟猶軸之轉載斛石趙歧注孟子則曰轉附朝儛二山名近時孫星衍作晏子音義云當依管子且曰齊實無此山又曰猶軸轉斛蓋欲如軸艫轉載斛石是時齊

海運故景公欲浮舟而南觀孟子從流下從流上益信夫以軸之轉載斛石譬己之遊覽此尙成文乎若謂齊海運以軸艫轉載斛石則是裹糧以遊耳夫裹糧以遊則裹糧以遊耳何云猶耶至以流下流上證之則更妄孟子不又云從獸無厭耶浮舟以遊獸自何來至謂齊無此山則經傳中山川地道今不得其處者甚多可勝疑耶然且孟晏並云吾欲觀於轉附朝儛今以四字爲亥豕之譌則將曰吾欲觀於猶軸轉斛非笑語乎卽管子中無欲觀字而下云南至琅琊亦不可接如毛孫諸說則但云我欲遊於琅琊足矣然則猶軸轉斛實當爲轉附朝儛之誤而大可反顚倒之非妄耶　或謂猶軸蓋軸艫之誤吾欲觀於軸艫轉斛者蓋景公欲往觀海運故下云遵海而南也曰是則孟子誤晏子誤而管子又誤矣僅此一言而三書並誤恐無此

理且軸轤轉斛者卽是海舟運食也而管子曰我游猶軸轉斛當解之曰我游海舟運食而尚可通耶　孫氏解晏子較舊注稍明白然以石斛自載殊覺難通非但孟子之吾欲觀於四字萬萬不可解也

獨樂樂與人樂樂孰樂集注樂樂下字音洛孰樂亦音洛則是獨樂與人樂與少樂與衆樂之樂皆如字解爲獨自鼓樂與人鼓樂與少人鼓樂與衆人鼓樂矣又下二節不與民同樂與民同樂皆云同樂之樂音洛惟末節今王與百姓同樂無音章內凡如字皆無音而注云好樂而能與百姓同之則此同樂之樂亦如字解爲王與百姓同鼓樂矣竊謂非也無論今樂古樂其作樂自有一定人數有何獨樂人樂少樂衆樂之可分別謂此非言作樂也言聽樂也則豈有先王奏樂而偏召天下人同來聽樂之理況

後文論與民同樂之鼓樂亦是百姓聞王鐘鼓之聲管籥之音與不與民同樂之鼓樂分毫無異然則所謂不若與人不若與衆者又將作何歸宿乎愚按此章惟鼓樂如字餘樂字並音洛無如字者同一樂也獨樂之樂與少樂之樂自然不若與人樂之樂與衆樂之樂爲尤得其樂然而有王之樂有民之樂王以鼓樂爲樂百姓豈能廢事失業與王同鼓樂哉但使安居樂業無一夫不得其所則樂民之樂者民亦樂其樂此聞鐘鼓者所以欣欣然有喜色也此節獨樂即豈能獨樂哉之獨樂末節同樂即爲民上而不與民同樂者之同樂若讀如字不可解矣朱子蓋因孟子與王言今樂猶古樂王方請問其說爲何忽舍鼓樂而轉問歡樂按凡論說諷諫之際往往不對其所問而先更端以轉詰之如梁惠問民不加多孟子忽以五十步笑百步詰

之梁惠願安承教孟子忽以梃刃殺人詰之齊宣問此心何以合王孟子忽以力舉百鈞詰之至若此節則尙非更端也樂記曰樂者樂也上如字下音洛後同又曰樂也者聖人之所樂也檀弓曰樂樂其所自生禮器曰樂也者樂其所自成荀子曰樂者所以道樂也又曰樂者先王之所以飾喜也乃釋名云樂樂也使人好之也而孟子亦曰樂之實樂斯二者樂則生矣是則樂卽是樂王但知樂有正不正而不知樂有同不同其利害相去乃懸絕也

列女傳傳孟母事似孟子實少孤者故趙氏孟子題辭云夙喪其父幼被慈母三遷之教而闕里志四書人物考等書直謂孟子三歲喪父今魯平云後喪踰前喪則豈有因他人之治喪而追責諸三歲孤孩者乎樂正子曰前以士又曰前以三鼎然則孟

子喪父時已出仕爲士何幼耶且由臧倉語觀之前後喪相去必不甚遠遠亦不過十餘年若甚久遠誰復追論其前事乎然則孟子喪父時非但不幼必已三四十歲而孟母諸事皆見之漢人書中愚直以爲無可信者不然孟母則誠賢母矣而三遷時孟父果安在耶今孟廟中專塑母像且以三遷名其志與其書院竊怪孟氏子孫何以但讀漢人書不讀孟子耶

漢人以孟仲子爲孟子之弟而今孟廟中以爲孟子之子木主稱二世祖吾昔嘗爲詩疑之明都穆聽雨紀談引孟氏譜云仲子名睪孟子之子又三遷志載宋人所譔孟氏譜云孟子娶田氏生仲子從學公孫丑以趙岐稱從昆弟爲非然詩正義引孟氏譜云孟仲子子思弟子與孟軻共事子思後學於孟軻然則宋人譜妄矣

我不識能至否乎常解謂我不識此時已能至朝否乎如此是不識已至否非不識能至否錯矣蓋仲子深願孟子之造朝而不能必孟子之果造雖將多人要路力請一往然卜諸平日巖巖氣象恐未必遽肯圓通萬一不朝則吾對使之言皆妄語矣故既云今病小愈趨造於朝又云我不識能至否乎意謂病雖小愈固未大愈或中道畏風不能前進或病中力弱不能行禮以至半途而反終不能至於朝未可知也蓋此語仲子自圓其說非故爲揣度而隨口造謊也

本若以美然集注木棺木也又注使虞敦匠事謂充虞嘗董治作棺之事者按上文明云孟子自齊葬於魯反於齊止於嬴充虞請曰云云是此時營葬已久豈有合葬時椁木不問而追問殮時棺木之理孟子之治母喪棺與椁固無不美者故棺椁衣衾

之美至傳道於魯平口中而充虞此問則椁木也故孟子告以古者棺椁無度卽繼之曰中古棺七寸椁稱之明明別椁於棺之外又云比化者無使土親膚椁在棺外土在椁外椁與土相附故椁木尤欲其堅厚白虎通崩薨篇云椁之爲言廓所以開廓闢土無令迫棺也正與孟子同意則以美之木斷非棺木也

秋陽以暴之注謂秋日燥烈似以夏正言之按周七八九月夏五六七月也此三月於周爲秋時正是可畏之日故不曰夏日而曰秋陽

宜若小然集注小謂小節也愚按非也小謂所挾者小玩下句今字可見不見諸侯宜若小然卽公孫丑管晏之功可復許乎之意今一見之大則以王小則以霸卽公孫丑得行道焉由此霸王不異之意

執箕帚爲婦婦字取義原自如此而注孟子妾婦之道似不必更說到箕帚

庶人稍有力者所畜不止一鵝何況萬鍾蓋祿之家乎且必饋而後有鵝不饋遂無鵝乎又且饋生鵝於世卿之家而僅僅一鵝鵝若是其貴重乎身爲世卿之母乃牢記一饋鵝於心至他日必殺是鵝以食其子乎於情於理皆所必無蓋孟子欲以此日其兄是鶃鶃之言與前日仲子惡用是鶃鶃之語相關合則不得不云殺是鵝耳　仲子念母而歸省其母其母愛子而殺鵝以食其子母子相愛如此其兄苟有人心正當好言存問體貼母心慰安此弟而乃以前言藏怒反唇相稽一洩宿忿此非特食鵝之弟勢難下咽卽殺鵝之母亦將無地自容但觀食鵝一事已甚如此此則平日之氣餤迫人可知平情論之如此不義之

兄仲子亦實難鬱鬱久居此也　孟子卽仲子食鵝一事遂以以母不食以兄室不居坐實其辟兄離母之罪然但卽此事觀之孟子語頗爲深文夫以不常來之弟但食一鵝又重之以其母之賜食而必誚讓之使不能下咽此其不義亦可槪見仲子不能以德化之無亦辟去之已耳故辟兄不足爲仲子罪也若以離母罪之則其母方安富尊榮泰然享萬鍾之養此豈忍負而逃之於陵使同嘗織屨辟纑之苦況而並受飢餓哉介之推母曰與汝偕隱是可負而逃也仲子之母不必爾也計惟屢省之已耳饋鵝殺鵝爲日必當無幾而已兩省其母則仲子何嘗離母哉而責之曰以母則不食使當時無其兄外至之言仲子何嘗不食哉夫使仲子而不食母食則聞兄言之後出而哇者何物哉故曰此孟子深文也　或曰此孟子答匡章之言也匡

章與父責善而屏妻棄子於人倫實有欠缺者故以辟兄離母極力駁斥仲子所以解章子之惑也然不義與之齊國章亦極力駁斥之至謂其亡親戚君臣上下此非對匡章之言也何以言之　或曰孟子稱仲子爲齊之巨擘是孟子固以仲子爲賢者也而駁斥之者春秋責備賢者意也然合兩章觀之孟子並不以仲子爲賢者　蓋孔子急於用世者也而不用則已孟子急於用世者也而不用則有不豫色夫孟子時之有仲子曾何異於孔子時之長沮桀溺荷蕢荷蓧之屬哉孔子曰隱者也曰果哉末之難矣曰吾非斯人之徒與而誰與天下有道丘不與易也溫厚和平似與諸逸民不妨各行其是也者而孟子則直視此一流人爲無君臣上下之人而深惡痛絶之此雖聖賢氣象之別實亦孟子尤急於用世一片熱腸之所由致也然而有

王霸不異之孟子而後可以輕視不仕無義之仲子否則與其
爲不義之兄戴不如爲辟兄之陳仲也且天下之同流合汙恃
勢貴介與仕君熱中患得患失者多矣此其人皆不辟兄不離
母而有親戚君臣上下者也吾不知其與仲子相去更復何如
而彼且援孟子以傲仲子也後儒不知孟子之旨隨聲附和動
以無人倫斥仲子然則泰伯逃之荆蠻較於陵更遠亦可坐之
以辟兄弟離父母無親戚君臣上下而孔子稱之爲至德何哉
匡章通國稱不孝而孟子禮貌之衆惡必察也陳仲子皆稱其廉
士而孟子不之許衆好必察也
曾元養口體曾子則可謂養志是則養親如曾元者未可也必若
曾子始可也義本如此乃集注引程子語謂事親若曾子可謂
至矣而孟子止曰可也豈以曾子之孝爲有餘哉哎文嗇字似

近學究又有餘不可解當是有歉之誤

不告而娶則必將使父母不知此事於是孟子有館甥貳室之說然而親見其事之史官則大書之曰釐降二女于嬀汭嬪於虞嬀者水名出歷山舜所居之地而後以爲姓者也虞者舜之氏而後以爲有天下之號者也堯降二女於嬀汭之虞氏古史確鑿如此此豈能使其父母無聞知乎而豈不告而娶乎 孟子中所載舜事如不告而娶如象日殺舜如避堯之子皆是戰國時相傳有此語考之尚書無一合者孟子好窮古聖之心不暇辨其事之有無而取而論衡之論衡之語足以傳示後世若其事實則姑舍是

宋儒論古事往往以理爲斷此不可訓也論古事總以古書爲據而身親其事之古書尤爲鐵據即以孟子事言之孟氏譜三遷

志等書以孟仲子爲孟子之子而趙氏謂是孟子之從昆弟則漢人說可據也然亦以更無古於此說者而據之終非鐵據也乃至孟子夙喪其父幼被慈母之教語亦出趙氏似亦可據而臧倉明云後喪踰前喪樂正子明云前以士後以大夫則趙說萬萬不足據矣同出趙氏或尚可據或竟不足據者以有身親其事之古書在也是眞鐵據也若孟子之說舜事則更古於漢人不待言也然而有別焉其合乎尚書者無論矣其曰生於諸馮遷於負夏卒於鳴條曰封象有庳曰居深山之中與木石居鹿豕遊曰飯糗茹草若將終身皆可據也以其說更無古於孟子者也乃至曰不告而娶而書曰釐降嬀汭則娶時非不告也曰使九男二女百官牛羊倉廩備以事舜於畎畝之中而書曰愼徽五典又曰詢事考言三載則徵庸以後非在畎畝也曰暫

瞍焚廩象蓋都君而書曰烝烝乂不格姦孟子引書亦曰瞽瞍亦允若則瞍象早爲舜所化非徵庸後尚思殺舜者也曰堯崩三年之喪畢舜避堯之子於南河之南而書曰三載四海遏密八音月正元日舜格于文祖以詢事考言三載二十有八載帝乃殂落合之於三十徵庸三十在位之文則月正元日即在堯崩之明年所謂三載四海遏密八音之三載乃是史因百姓如喪考妣而終言之非以月正元日爲三載後之月正元日也然則堯崩明年舜即踐天子位矣又何三年喪畢而避堯之子於南河之南也乎是皆不可據也以孟子雖古而更有身親其事之尚書在也眞鐵據也

言事與言理迥異言理如孟子孰得而擬議之若言事錯誤則子孫可以正其祖父弟子可以正其先師明後諸儒以孟子言之

雖明知其誤無敢訟言之者恐非孟子意
子產聽鄭國之政以其乘輿濟人於溱洧孟子曰惠而不知爲政
歲十一月徒杠成十二月輿梁成云云按孟子此論極正大特
子產爲春秋賢大夫中有數人物其治鄭政事見傳記者皆極
有條理何至此事不知政體如此且溱洧爲鄭之通津亦必不
至全不照管聽民病涉之理然則孟子豈誣之耶曰非也子產
之事軼事也非常事也孟子之論通論也非論子產也蓋子產
治鄭何嘗不以十一月成徒杠十二月成輿梁而或十一月十
二月之前杠梁尚未成就偶逢天寒行者病涉子產適過其地
見之惻然卽命以己輿一濟涉者夫以執政之輿而濟徒涉之
民未有不互相告語譁然傳播者久之又久尚爲美談於是孟
子卽其事而論之謂若僅僅如此是不過惠而已矣烏知爲政

哉其下稱述古制詳論政體而結之曰故爲政者每人而悅之日亦不足矣可知是以爲政之道告凡爲政者而非論子產之不知爲政也乃葉水心習學記言不知孟子意謂孟子此語未當是不善讀孟子者　小德小惠最易傳播亦最易則傚後世士大夫歆慕古哲往往舍其大而學其細以竊比古人此通病也孟子正慮其不善學古人故特爲此論其意猶曰古人有大段好處在如此小恩小惠何足學哉是爲後世士大夫痛下鍼砭非於名公卿尋其罅隙也

寇退則曰修我牆屋北流李曉園師紹昉謂此乃曾子戒守者之辭曾子戒之以無寓人於室毀傷薪木而又屬之謂若他日寇退則當爲我語於大夫曰修我牆屋我將反也其後寇退之日曾子果反上寇退先事之言下寇退始是實事不然複矣

公明高以孝子之心爲不若是恝集注恝無愁之貌按此本趙注也然愚意不如說文訓恝爲更善說文云忿忽也从心介聲孟子曰孝子之心不若是忿忿與恝不過師承異文其訓爲忽則與公明高語意甚合說文云忽忘也後人謂此事不繫於心則云恝然置之度外正是忘忽不省意爾雅釋詁云忽盡也自謂待父母之心已盡亦正是忘忽不省尤與此恝字意合無愁亦通而語意稍遠　父母之不我愛於我何哉集注於我何哉自責不知己有何罪耳非怨父母也愚按此注與本文不甚明順且上文明云而已矣下云不知己有何罪是猶曰我竭力耕田共子職而已矣而父母終不我愛不知我有何罪哉雖曰自責仍是怨懟而謂非怨父母何也蓋自我竭力耕田至於我何哉二十二字皆即上文恝之一字公明高以孝子之心爲不若是

恝若何者恝下文我竭力耕田共爲子職而已矣父母之不我愛於我何哉卽若是之恝也予豈若是小丈夫然哉若何者小丈夫下文諫於其君而不受則怒悻悻然見於其面去則窮日之力而後宿卽若是之小丈夫也語例絲毫無異如此解釋詞明義順若如朱注非但於我何哉四字不順而已矣三字不可解且若是恝之是字尤全然無著古今語例若是及如斯如此之類必有所指卽以孟子言之若是其甚與若緣木求魚之甚也若是其大乎若方七十里之大也若是則弟子之惑滋甚若齊王反手則滋惑也若是則夫子過孟賁遠矣若王霸不動心則過孟賁也指不勝屈從無一懸宕不可指實者而此章若是恝是字獨無可指必無是理惟他章是字多指上文此章是字乃指下文以致誤解不知尹士章若是小丈夫恰與此章若是

恝天然玉合如此　朱子注四書云而已矣者竭盡而無餘之詞也若以此語注此章而已矣尤妙尋常人竭力耕田謂於子職已竭盡而無餘也於我何哉猶云我亦無如何也皆與說文訓恝爲忽爾雅訓忽爲盡鍼鋒相對

君子不亮惡乎執語頗難解舊注亦不盡明暢四庫提要中稱何異孫以惡字讀去聲余未見何氏所著問對不知其解說之詳即其讀去聲之說度之蓋讀亮爲諒君子不亮即論語中之君子貞而不諒也惡乎執即孟子中之惡執一也惟不諒所以惡執此解實較勝常解

無恥之恥無恥矣趙氏曰人能恥己之無所恥是能改行從善之人終身無復有恥辱之累矣按是以無恥之恥解作能以無恥爲恥亦通特下句無恥解作無復恥辱則與上文人不可以無

耻句之無耻迥然異解恐古人無此語例也愚意當解爲若以無耻爲人所耻辱則眞無耻矣蓋人不可以無耻然或自耻其無耻是尙能改行從善非眞無耻也至於羞惡全泯一任人耻辱我之無耻全不顧忌而至有無耻之耻是眞無耻人也即下章爲機變之巧無所用耻不耻不若人之類

人之有德慧術知者恆存乎疢疾集注謂人必有疢疾則能動心忍性增益其所不能愚按如此則下節獨孤臣孽子獨字不可解矣操心危慮患深即是疢疾故達之達即是德慧術知皆本朱注下節與上節一意何爲以獨字反接之獨字必不能作故字解也蓋德慧術知者才也疢疾者禍患也有才者一意徑行操心必不肯危慮患必不肯深一生常在禍患之中而彼昏不知也是即朱子注盆成括章恃才妄作所以取禍之意在人爲小有

才未聞大道之死括在國家爲入無法家拂士出無敵國外患之亡國

孟子曰仲子不義與之齊國而弗受人皆信之是舍簞食豆羹之義也人莫大焉亡親戚君臣上下以其小者信其大者奚可哉朱注言仲子設若非義而與之齊國必不肯受齊人皆信其賢然此但小廉耳其辟兄離母不食君祿無人道之大倫罪莫大焉豈可以小廉信其大節而遂以爲賢哉愚按朱子此注似非孟子意夫不義與之齊國而弗受此豈可以小廉目之乎孟子稱伯夷伊尹孔子爲古聖人其論三聖之同則曰行一不義殺一不辜而得天下不爲也夫不義不肯得天下爲聖人而不義不肯受齊國乃僅僅爲小廉乎孟子謂簞食豆羹雖身死能不受而萬鍾則不辨禮義而受之夫齊國與萬鍾孰多他人之舍

簞食豆羹者不能信其不受不義之萬鍾仲子之舍簞食豆羹獨能信其不受不義之齊國乎蓋仲子不義與之齊國而弗受時人之言也仲子之廉匡章盛稱之當時蓋莫不稱之稱之而充其操之所至謂雖或不義而與之齊國亦必不肯受一時莫不云然故曰人皆信之然而不受齊國談何容易齊國非簞食豆羹之比以仲子之小廉而遽信其能不受齊國是直視弗受齊國之大節僅僅如舍簞食豆羹之小廉矣故曰是舍簞食豆羹之義也句是駁詰語非斷制語義似略奧而合之上下文必當如是下乃申明之謂人莫大於亡親戚君臣上下仲子辟兄離母不食君祿而乃以其能舍簞食豆羹之小廉遂信其有不受齊國之大節何可哉人皆信之信其能弗受也以其小者信其大者奚可哉不信其能弗受也兩信字甚明朱注解信字並

加賢字不嫌添設耶　人莫大焉四字與下亡親戚君臣上下七字連作一句讀焉字語助辭只作於字解　今皆以姻婭爲親戚考之古殊不然孟子謂陳仲子亡親戚君臣上下指其辟兄離母而言則以母兄爲親戚也管子揆度曰夫城郭廢社稷不血食無生臣親沒之後無死子此社稷之重於親戚也則以父母爲親戚也晏子外篇曰今爲人子而離散其親戚孝乎哉是亦以父母爲親戚也

孔子曰過我門而不入我室我不憾焉者其惟鄉原乎鄉原德之賊也曰何如斯可謂之鄉原矣集注萬章又引孔子之言而問也愚按非也孟子因論孔子之取狂獧遂及孔子之惡鄉原而萬章因問鄉原也觀何如上有曰字甚明或疑萬章不問鄉原孟子何爲特引孔子之論鄉原耶曰此推而言之也萬章問孔

子何思狂士而孟子告之以狂獧因狂及獧是猶連引孔子語也及萬章問何以謂狂不問何以謂獧也而孟子乃既告之以狂者遂幷告之以其次之獧者而更告之以孔子所惡之鄉原正如子路問成人夫子既告之以成人而更告之以今之成人也何疑焉且此章記問答最清析易曉萬章問曰孔子在陳曰云云孟子曰孔子云云敢問何如斯可謂狂矣曰如琴張云云何以謂之狂也曰其志嘐嘐然云云曰何如斯可謂之鄉原矣曰何以是嘐嘐也云云敢問何如何以謂之其爲問語甚明也故無曰字何如斯可謂之鄉原以緊承鄉原德之賊也句恐人以首節爲例幷上文皆視爲萬章語首節孔子在陳曰至進取不忘其初正與此之孔子曰至德之賊也相似首節孔子在陳何思魯之狂士正與此之何如斯可謂之鄉原矣相似故特加一曰字也若謂德之賊也萬章述孔子語已畢下是問語故加曰字則

首節進取不忘其初萬章述孔子語已畢其下問語何爲不加曰字耶　閹然媚於世也者集注云閹如奄人之奄閉藏之意也言深自閉藏以求親媚於世愚按如奄人之奄是也謂深自閉藏似非閹奄通閹本訓蔽惟奄閹閉門故謂之閹惟精氣閉藏故謂之奄是閹寺本取義於閉藏也而孟子此語則直謂鄉原如閹寺然專以諂媚人爲事也與斥儀衍爲妾婦同意不必追其命名之原而謂之閉藏也若果深自閉藏尙何親媚於世之有

戰國時最多僞說尤多僞造唐虞三代古事孟子取其不悖於理者姑信之至瞽瞍北面之屬即已力闢其妄其他如莊列韓非之徒則妄聽輕信滿紙荒唐乃至啓殺益太甲殺伊尹諸妄語居然大書於紀年之史則當時齊東野語多不勝詰可知矣因

此而知孟子所說唐虞三代古事雖有與尙書違異者而悖理者少蓋當雜說蠭起之時披沙揀金已大有一番淘洗功也

明陳心叔士元孟子雜記解公行子有子之喪直妄語也此句句法極順本無可疑後世不行古禮竊疑不過喪子何爲張大如此遂有解子之喪爲人子之喪者語已紕繆無理而雜記乃以子之二字爲人名謂卽燕王所讓國之子之謂史記不言子之亡之何國或者子之本齊人自燕逃歸於齊至此時而子之死齊王以其嘗爲燕君五年以國君之禮待之故孟子有朝廷之說而公行子是齊大夫子之蓋其先也云云此眞無憑無據信口妄說解經至此可謂悖亂之極者矣又云史記六國表謂君噲子之皆死汲冢紀年謂齊人禽子之而醢其身均妄也已則妄解而反以古書爲妄顚倒黑白所謂悖者恆以不悖爲悖也

孟子雜記中載斷句與常讀異者亦有可取如今言王若易然則文王不足法與以易字斷句元云易然句或讀然屬下文按以然字屬下尤與孟子文法相類敦匠事嚴以匠字爲句元云王柏讀敦匠事爲句嚴字另爲句趙讀敦匠句按今讀不始王柏朱注已如此然如趙讀則句法極順不知朱子何以不從可謂曰知以可字爲句元云吳程云可字句應上文不可字言百官族人之不可者今皆可之也謂曰知謂爲知禮按此句本難解故朱子疑有闕誤今如吳說差可通若輔廣謂可當作皆則改經文矣往送之門以往字句元云往字句言女子之嫁而往也送之門句禮婦人送迎不出門故母送女但至門也按此句本亦難解今以往字句是謂於其往也而送之於門此往字即下文往之女家之往子思不悅於卒也以悅字句元云不悅句按子思之不悅豈但於其卒乎惟摽使者出大門乃是最後時事朱子云非養賢之禮故不悅而於其末後復來饋時云云是本以悅

字斷句不知後人何以作一句讀也至其他如有人不得則非其上矣以有人不得爲句本趙注智足以知聖人連下汙字爲句本蘇老泉是皆已甚迫斯可以見矣以已甚迫爲句本古句陽貨先豈得不見七字作一句讀本趙注卒爲善士則之野以卒爲善句士則之句野字屬下句則皆故好新奇不如常讀之妙

煙嶼樓讀書志卷第十

鄞蘧學齋徐氏
校印書籍之記

煙嶼樓讀書志卷第十一

鄞　徐時棟　同叔

經十一

羣經總義

四庫提要以羣經解立五經總義類而序之曰漢志以石渠五經雜義雜置孝經中隋志錄許愼五經異義諸家附論語之末舊唐書志始別名經解諸家著錄因之然不見兼括諸經之義朱彝尊經義攷別目曰羣經蓋覺其未安而采劉勰正緯之語以改之又不見爲訓詁之文徐乾學刻九經解顧湄兼采總集經解之義名曰總經解何焯復斥其不通（見沈廷芳刻何焯點校經解目錄中）蓋正名若是之難也考隋志於統說諸經者雖不別爲部分然論語

類末稱孔叢家語爾雅諸書倂五經總義附於此篇則固稱五經總義矣今準以立名庶猶近古論語孝經孟子雖自爲書實均五經之流別亦足以統該之矣云云愚按古人總解羣經之書寥寥數部不能創立專門故或置孝經中或附論語後至乎後來著作既夥自不能不別立一類而此類中所載各書往往論解多經斷非五經二字可該即由諸書命名觀之如劉敞七經小傳毛居正六經正誤岳珂刊正九經三傳沿革例錢時融堂四書管見何異孫十一經問對之屬各自明標數目此豈能以五經二字統之者乎若謂孝經論孟均五經之流別則史家本之尙書春秋子家本之論語孟子集家本之詩書二經儒者著書苟非二氏何一書非五經之流別乎況功令明以論孟孝經爲專經三禮皆禮三傳皆春秋尙各謂之經總稱十三經又

豈可以五經二字統該之乎然則宜立何名曰語求其近古義
求其安妥則與其準唐人之隋書經籍志不如采梁人之文心
雕龍而以羣經爲號也乃提要謂其不見爲訓詁之文此語頗
可駴怪夫提要經部中如曰易類書類詩類其所錄之書何一
部非訓詁之書其所名之類何一類見訓詁之文而獨於羣經
必確鑿以訓詁之文爲正名乎閻百詩與人尺牘亦云通志堂總經解三字不通之至
經義考擬經中多貪多務得之病至如漢春秋獻帝春秋三十國
春秋十六國春秋之類亦盡入之以其名耶則太玄潛虛並不
名易何以入之擬經以其意耶則司馬遷以獲麟竊比明欲自
附春秋何以不入史記耶三代以下著作其胚胎原始多本於
經至史家則凡編年之書無不本春秋者牽連摭拾伊于胡底
耶擬易擬卦補詩補禮當入也至如居家儀禮四民月令之屬

不過竊取經名耳徒以經名將道藏釋典無不尊大稱經可盡入之耶又如晏子春秋呂氏春秋之類明明與經分道揚鑣乃亦以偶然名爲春秋强入擬經吾嘗謂友人孔子既成春秋未審晏平仲曾得一見否即使見之亦未必料此書將來當尊之爲經而自作一書以擬之也然則擬經門之入此書是又誤中之誤矣

墨守傳注不敢稍鬪異議其失謟而固排擊先儒以意自剏新解其失鑿而妄皆非也過猶不及也余嘗謂是非天下之公爭論一己之私先儒何嘗無得失細心察之自見先儒何必不非議平心言之自足也六一嘗曰先儒於經不能無失而所得已多矣正其失可也力詆之不可也盡其說而理有不通然後得以論正予非好爲異論也此言深得後人讀傳注之法也

一人有慶兆民賴之尙書呂刑文也荀子君子篇引之稱傳曰惟
則定國呂覽權勳篇引之稱詩曰是逸詩也而左傳僖四年公
孫支引之但曰臣聞之無過亂門呂覽原亂篇引之稱詩曰是
亦逸詩也而左昭十九子產引之作諺昭十二作人有言曰惟
亂門之無過國語亦作人有言曰無過亂人之門臣無或作威
及毋或作惡遵王之路尙書洪範文也而韓非有度篇引之稱
先王之法勇則害上不登于明堂逸周書大匡解文也而左文
元年引之稱周志有之脣亡則齒寒公羊僖二稱記曰注史記
也穀粱僖二稱語曰左傳僖五作諺呂覽權勳篇作先人有言
曰韓非存韓篇十過篇皆作臣聞國策齊趙俱引作脣亡韓策
作脣揭莊肱篋淮南說林與呂覽作脣竭竭當揭之譌國策注
揭猶反也伐柯伐柯其則不遠詩詞也而越語引之作先人有

言曰樹德莫如滋去疾莫如盡左哀元伍員引之稱臣聞而戰國秦策引之以爲詩云（去疾作除害）木實繁者披其枝四語兩引於秦策一以爲詩一以爲臣聞之於安思危左傳引之（於作居）呂覽注引之皆稱書曰今見逸周書鄭典解中而楚策中虞卿引之乃曰臣聞之春秋

元白廷玉珽湛淵靜語謂君子之德風小人之德草草上之風必偃至孟子以多二也字而劉向說苑載泄冶之書曰夫上之化下猶風靡草東風則草靡而西西風則草靡而東在風所由而草爲之靡多論語之半而意始顯及觀書有曰爾惟風下民惟草復減論語九言而意亦顯愚按湛淵以文之繁簡論其高下意謂書詞高於論語特不敢議論語耳而不知實僞古文竊論語而故減之者今人盡讀論語胸中已瞭然於孔子立言之旨

則雖再減書詞如曰上風下草亦豈有不顯者若使未讀論語但見書詞則既不知必假之理將所謂惟風惟草者當作何解矣正如論語所云人而不爲周南召南其猶正牆面而立也與而僞書故減之曰不學面牆若使未讀論語亦不知面牆二字當作何解矣逸周書般政總總若風草有所積有所虛

小學

王觀國學林云爾雅曰治肆古故也肆故今也郭璞注曰肆既爲故又爲今觀國按爾雅釋詁一篇皆用一字爲訓曰治曰肆曰古此三字皆訓故也曰肆曰故此二字皆訓今也若從郭注則是以故今二字而訓肆也此篇未有以二字爲訓者下引爾雅文甚詳釋詁釋言二篇皆用一字爲訓郭璞誤析其句反以故今二字而訓肆字義雖亦通而非爾雅句法也云云愚始疑郭氏所云

肆既爲故者必蒙上節言之謂上節肆字既與治古二字並訓爲故此節肆字復與故字並訓爲今故曰肆既爲故又爲今也玩既字義甚明既念此亦易曉王氏何至誤會因取爾雅注疏覆按之則王氏荒唐極矣郭既以肆既爲故又爲今七字解肆字即以今亦爲故故亦爲今此義相反而兼通者十六字解故字復以皆見詩三字總解肆故二字其明白曉暢如此邢氏正義則曰肆不殄厥愠毛傳云肆故今也即以肆之一字爲故今郭氏字別爲義云云是謂毛以故今二字訓肆一字郭則以今之一字訓肆故二字也其明白曉暢又如此王氏見注不見疏但見注之上半而不見其下半且連引兩節經文而不知注語之蒙上節而猶繁稱博引嘵嘵然責景純誤析其句眞不知其何爲昏瞀錯亂一至於此也

申酉屬金申爲七月之卦故申在西方無可疑者楚鬭宜申字子西見左僖廿六傳楚公子申字子西見左哀六傳故王厚齋先生據以斷孟子子西之爲曾申眞是鐵據可息紛紛者也乃淮南墬形獨曰正東陽州曰申土注謂陰氣盡於北陽氣復起東北故曰申土按史記律書以申爲七月又曰申者言陰用事申賊萬物釋名亦曰申身也物皆成其身體各申束之使備成也然則劉安高誘孤文單證爲不足據矣

古音蕭肴豪與尤有宥同音其在入聲者與屋沃覺同音至今日相去甚遠不可復合然自三代以來尚有留遺至今未改換者今人但知某音某而不知古本同音也若皦之與爆暴之與曝呪之與祝非特分音且復分字矣其字尚未改而須轉音者如覺音教較音角樂音效皃音貌雹音報告音谷梏音考蓼音戮

蠹音毒宿音秀讀音逗復音阜去聲覆音否簇音嗾柚音軸肉音肉好之肉皆須轉入別音其實本是同音無煩轉也且此十五韻中偏傍每相通借即如翏之一字具有數音而即備此三部之音集韻力救切音溜又力弔切音料憀蕭切音聊又力竹切音六而蕭肴部中則有寥漻飂憀嵺膠嘐摎顟嵺轇僇醪蓼膠嫪諸字尤有部中則有瘳鏐飂璆嘐繆樛膠摎蟉勠謬廖鷚諸字屋沃部中則有勠戮僇蓼繆諸字其他互相通借者如蕭肴部通尤有部則有淍彫雕蜩調啁綢裯從周惆坳窔拗狕從幼鍫萩湫愀從秋濤檮翿飅禱擣燾從壽茅罞從矛烋從休糅從柔鵃從舟𩔦從幽艘嫂從叟𧩙從咎𤝮從狃虓從九擾從憂之屬蕭肴部通屋沃部則有蕭瀟簫嘯驌從肅條梟樂從木椒從叔窅從目掉淖罩踔趠悼從卓麃從鹿攪從覺礉從駁蠹從

毒之屬尤有部通蕭肴部則有袍從包曉從堯噍從焦窌茆從卯通屋沃部則有涑從束槈從辱蔟嗾從族繡從肅之屬屋沃部通蕭肴部則有燠澳膄薁從奧瀑襮爆懪曝從暴酷梏牿嚳硞從告熇翯從高毣眊從毛駁從爻較從交穛從焦稍箾從肖邈從貌雹鮑颮從包通尤有部則有軸舳柚從由蹴噈從就魷從㐬衄從丑莤從酉之屬本是同音故其偏傍相類如此　吾言蕭肴尤有屋沃三部通音證之於詩固同在鳩部中即如清人第三章云此詩每章皆句句爲韻清人在軸今屋沃部也駟介陶陶今蕭肴部也左旋右抽今尤有部也中軍作好今蕭肴部也於今音似枘鑿不合而不知古音則秩然不可亂如此然則何煩轉音借叶乎即就此三部而論古音固是同部而今韻書中亦尚有彼此互見者如蕭肴尤有二部互載之韻則有調噍瀌儵飂

繇蘇髟怮啁掊窌枹摎綢禂咎湫幬茆之類蕭肴屋沃二部互載之韻則有熇藝燠貌爆踔樂較覺櫂告暴旄纛澳瀑藐之類尤有屋沃二部互載之韻則有瞀繆涑勠宿柚覆復囿瘯副畜蔟伏讀輻之類雖後人辨别異同不可爲訓然亦足證古音之本通也

三百篇中釋音宜曰古音某或曰古與某音同不得謂之叶音某通借某音也古本同音而反謂之叶借正猶考三代地理而曰併江浙爲揚州分山東爲齊魯也

韓詩外傳載麥邱封人祝齊桓公辭首曰使吾君固壽金玉之賤人民是寶（新序載此作祝主君使主君甚壽金玉是賤人爲寶）按寶與壽爲韻古音也詩鼓鐘伐鼛與洲字爲韻鮮可以飽與首罶爲韻中軍作好與抽爲韻核之今韻是蕭肴豪通尤韻也詩三百篇無不然者而左

傳襄四虞人之箴自畫爲九州州字始韻其下道字廟字草字擾字獸字牡字皆同一音至末四句家字夫字始換一音推之三代有韻之文無不然者大戴禮武王履屨銘曰愼之勞勞則富富與有同音者也故與勞同一音也戶銘曰若風將至必先搖搖雖有聖人不能爲謀謀與搖同一音也史記箕子麥秀詩曰麥秀漸漸兮禾黍油油彼狡童兮不與我好兮好與油同一音也（尙書大傳作不我好仇）韓非子周秦之民歌曰謳乎其已乎苞乎其往歸田成子乎子與已爲一音苞與謳同一音也薛尙功鐘鼎款識周遲父鐘銘曰萬年眉壽子子孫孫無疆寶寶與壽同一音也左傳哀二十一齊人之歌曰魯人之皐數年不覺使我高蹈惟其儒書以爲二國憂憂與皐覺蹈同一音也國語九晉惠公改葬共世子謠曰貞之無報也孰是人斯而有是臭也臭與

報同一音也國語七商銘曰不能爲膏而祗離咎也咎與膏同一音也左傳哀十六魯哀公誄孔子曰旻天不弔不憖遺一老俾屏余一人以在位煢煢余在疚疚與弔老同一音也老子曰不出戶知天下不窺牖知天道以戶下爲韻牖道爲韻也若此者未易一二數而左傳哀二衛太子禱詞亦有韻之文也其詞曰鄭勝亂從晉午在難不能治亂使鞅討之蒯聵不敢自佚備持矛焉敢告無絕筋無折骨無面傷以集大事無作三祖羞大命不敢請佩玉不敢愛是討字矛字羞字愛字皆同一音也

朱竹垞序張刻玉篇誤稱上元本於是提要遂以誣張士俊謂其故刪重修牒詭稱上元本而左袒竹垞謂其未見所刋以意漫書不知張刻即出朱氏所授何得未見而張刻明稱大廣益會玉篇何嘗詭稱上元本哉提要中頗多意測之辭而於此書則

即首葉朱序未終讀之可謂疏矣至朱序之誤蓋由年高錯記
當張刻此書時以竹垞名重不能不刻其序又以竹垞年高不
敢請其改作此或張氏當日所以仍刻誤序之故然何妨即朱
序後附識數行以明其誤即不貽後人以口實矣是亦張氏之
疏也　提要云朱彝尊序力斥劉淵韻合殷於文合隱於吻合
焮於問之非然此本實合殷隱焮於文吻問彝尊未及檢也云
云按此本上平分文欣上聲分吻隱去聲分問焮明白如此何
嘗合乎宋人諱殷字故改二十一殷爲二十一欣豈作提要者
但見目中無殷字更不考書中欣韻即殷韻否又不檢後二本
目中有隱焮韻而遽妄言之乎然重本改殷爲欣提要於前條
言之矣豈至此又俄忘乎若以本注同用便謂之合則上平中
所注同用之韻悉爲劉淵倂合之所本又豈僅文殷二韻乎況

去聲中問焮二韻此本各注獨用所謂合焮於問者又何謂乎
前玉篇以朱誤而誣張此則朱不誤而又誣朱皆不可解事也
邵子湘長蘅古今韻略世稱博雅其據樂府杜韓詩論古詩通韻
不刊之論也若其於吳才老楊用修二家古叶外增入叶字則
有貪多之失即如於東韻據行露增入家字謂與訟叶又於屋
韻據行露增入家字謂與獄叶此大不通之說也三百篇無句
句有韻之理無論家字二章俱不入韻但使一章偶然可叶亦
不能據以收入苟依邵氏將關雎女字可入鳩叶又可入采叶
又可入芼叶耶偶爾翻閱未究其全俟暇日當合諸家參校之

煙嶼樓讀書志卷第十一

蘧學齋

煙嶼樓讀書志卷第十二

鄞徐時棟同叔

史上

史記

太王王季之追封爲王禮記大傳以爲在牧野武成之後是也中庸謂周公所追封誤矣乃史記周本紀直謂西伯以受命之年稱王追尊古公爲太王公季爲王季蓋王瑞自太王興云云嗚呼服事之德古今無兩而幷土無二王之義而不知烏在其能服事哉故西伯受命稱王之說斷斷其爲妄語也又按史記敘述逸泰誓語中云予小子受先功徐廣曰一云予小子受先公功諸家所引亦多作先公然則武王口中明稱先公安有追王

之事又禮記引逸秦誓亦但稱文王爲文考若文王在日已受命稱王至於十年之久而其子乃去其王號而僅曰文考亦事理之所必無者也

亡秦者胡於是始皇防胡而禍乃在胡亥又南公曰楚雖三戶亡秦必楚亦民閒有此語而南公述之其後西楚起兵亡秦世儒以爲言驗余謂非也蓋楚者秦莊襄王也當其爲質於趙趙不禮楚是所謂三戶也其後納不韋有身之邯鄲姬而生秦政以呂亂嬴政立而秦亡矣故曰亡秦必楚也

天下號令在某人則某人爲本紀此史公史例也故高祖本紀之前有項羽本紀高祖以後不立孝惠皇帝本紀而獨立呂后本紀固以本紀爲紀實而非爭名分之地也此後無人能具此識力亦無人敢循此史例矣　後世史官自史公外多不曉史法

即如史記立項羽本紀若使之修漢書必且爲王莽本紀而孟堅不敢也此便是班馬優劣顧聞此言者往往不知吾意謂余好作異論則請以孔子史法言之春秋之作所以懼亂臣賊子者也其人苟弒父與君則梟獍巨逆人人得而誅之必當斧鉞之於其終身者也乃文十四年書齊公子商人弒其君舍而文十八年又書齊人弒其君商人亦曰其君亦曰弒其君與凡無罪而被弒者分毫無異中間六稱齊侯亦與無罪者分毫無異又襄三十年書蔡世子般弒其君固而昭十一年又書楚子虔誘蔡侯般殺之于申亦曰蔡侯亦曰誘殺之（昭十六年楚子誘戎蠻子殺之）與凡無罪而被殺者分毫無異中間三稱蔡侯亦與無罪者分毫無異可知罪大惡極至於躬行弒逆之人而既已自立爲君後之史臣即從而君之不在於區區名位間爲斧衮也然則依春

秋法而作漢書彼王莽者豈宜爲列傳乎　或曰衛州吁齊無知皆弒君而據國者也州吁且嘗會諸侯矣而二人者之被殺春秋何以不書弒其君耶曰竊位未久也先君未葬也或曰聖人作春秋正名定分豈以時之久暫爲區別乎曰時之久暫何可不論且如尋常繼統之君先君未葬則稱子未踰年則稱子然則他人尙以時暫不得成其爲君而況於亂臣賊子乎　本紀史之綱列傳史之目史官記事之體例如此而據事直書正統簒竊自見新莽竊位擅號令者至十五年而可無本紀乎蔡般不過十二年齊商人僅僅四年未嘗分別之以爲閏統也若謂般與商人雖弒逆而是公子若莽則異姓矣故不得爲本紀然則劉信劉玄皆嘗爲天子孟堅何不爲之立本紀而呂雉異姓又何以居然本紀乎蓋班范以後皆視本紀二字如後世所

稱正統然者又如宋儒所稱道統然者故斷斷硜硜不輕予人而不知其非史法也

漢興以來將相名臣年表分四格一大事紀二相三將四御史大夫而以皇帝紀年列之首格其例是也乃其廢罷皆倒書於上格中此例絕不可解如丞相蕭何薨宜書於第二格者乃倒書之大事紀中罷大尉官宜書於第三格者乃倒書之相位中御史大夫周苛守滎陽死宜書於第四格者乃倒書之將位中此後凡廢罷薨免並同此例不在本格驟閱之令人茫然

留侯世家並不言張良何字而於傳中刻六國印時突云子房後世文字無此例也　良曰誰爲陛下畫此計者陛下事去矣又曰臣請藉前箸爲大王籌之下復十一稱陛下是時高帝未稱尊號而忽陛下忽大王是史遷文字疏忽處

食其未行張良從外來謁漢王方食曰子房前客有爲我計撓楚權者此史記留侯世家中語也向聞讀者以子房二字爲句以前客云云爲句余謂義亦通暢但不如以子房前三字爲句客有爲我云云爲句則於文法較爲潔淨有姿致　留侯策封六國後之不可凡八今按其說惟第八謂天下之士從漢王者不過欲功名富貴耳今既立六國後則天下士皆歸事其主無與大王共取天下矣此說爲最切近當日情事其前七說引湯伐桀武伐紂以及表閭封墓發粟散財偃武脩文休馬放牛諸事皆迂談闊論而不切事情蓋當良初進說時亦無深謀心以爲不可而不能得其肯要姑隨意泛說之耳且果立六國後豈惟謀臣戰士不復從漢王哉將其國中人民皆思故主矣國以民爲本民心思故主漢焉能據而統一之哉良語不及此何也

余嘗謂留侯爲呂后計召四晧輔太子於是太子得不廢而呂以日彊是呂之幾亂天下者留侯之力也而當孝惠初崩呂后之哭不哀留侯子張辟疆爲侍中方年十五遽爲丞相陳平等定計請拜呂台呂產呂祿爲將將兵居南北軍復令諸呂皆入宮居中用事丞相從其計太后乃說而哭始哀呂氏權由此起嗟乎産祿皆庸人無能爲耳不然酈兄之說不行而天下危矣推本禍始非辟疆一言誤之乎呂氏幾滅劉氏而助其燄以玉成之者實張氏父子可異也

周勃世家云景帝居禁中召條侯賜食獨置大胾無切肉又不置櫡條侯心不平顧謂尚席取櫡景帝視而笑曰此非不足君所乎孟康曰設胾無筯者此非不足滿於君所乎嫌恨之如淳曰非故不足君之食具也偶失之愚謂如淳說非也孟說亦不明

景帝蓋借此示意若曰待爾如此豈非有不足於君乎猶俗云待爾不周備豈非得罪於爾乎語若自謙而實示以薄待之意使之自明以告退也故下云條侯免冠謝而景帝亦不答謝遽離坐而起至條侯趨出復有快快非少主臣之語而條侯乃終不悟以至受獄吏無賴之語而坐應許負餓死之言甚可惜也

伯夷列傳中說盜跖其語原本莊子是引用以爲文章可也而集解復據莊子直注之曰盜跖柳下惠之弟則大妄矣莊子稱孔子見柳下惠云將往勸盜跖此如何語而可爲典要耶援此爲據者甚多不獨裴駰一人而已皆不可解楊倞注荀子賦篇亦曰跖柳下惠之弟勸學篇亦云柳下季之弟述莊子更詳

呂覽誠廉篇載夷齊語有曰以此紹殷是以亂易暴也有曰昔者神農氏之有天下也云云有曰與其並乎周以漫吾身也不若避之以潔吾行有曰遭乎亂世不爲苟

在今天下闇周德衰矣按史記僞采薇歌全是藍本於此
晏子傳稱其僕聞妻言抑然自下呂覽士節篇載晏子出奔而北
郭騷以死諫於君而晏子復相而其始則晏子之僕以爲賢者
而教晏子分倉粟府金以養其母也豈同一僕乎何晏子之僕
之多賢也若史遷果爲執鞭亦非凡僕也
王翦傳亦佳末云三世爲將必受不祥尤可爲嗜殺人者戒
史公敍述馮驩事迥不及國策惟釀酒買肥牛數語差不寂寞然
入之史記是佳文入之國策則又不類文章一道雖關天資學
力而時代風會所限亦自有不可强者
孟嘗君傳贊曰吾嘗
過薛其俗閭里率多暴桀子弟與鄒魯殊問其故曰孟嘗君招
致天下任俠姦人入薛中蓋六萬餘家矣世之傳孟嘗君好客
自喜名不虛矣僅五十六字而蘊蓄多少然但見史記覺此贊

亦不過爾爾乃讀臨川集之論孟嘗君者劍拔弩張竟似翻陳出新一篇用意出色文字乃至復讀此贊始歎王荆公翻新之語盡是史公語耳而荆公怒駡史公和平荆公用力史公隨意荆公一氣說盡史公含蓄有餘荆公明斥其不得爲好士史公但稱其好客自喜而不得爲好士之意令人於言外見之噫文章高下厚薄乃至於此可以悟文法矣聞荆公作文甚崛强凡他人與己同意卽便毀棄己作今其論孟嘗君全脫胎史公何耶

魏公子以客赴秦軍欲與趙俱死行過夷門見侯生一段文字讀之不覺手舞足蹈眞是天地間有數文字庸妄鉅子動言簡潔果如其言則此段與史事毫不關緊要盡情删去之亦有何妨且使後人爲此傳於行過夷門見侯生具告所以欲死秦軍狀

之下即可直接云侯生乃屏人閒語曰云云本事已足覺辭決
而行至公子再拜因問凡一百四十五字都是贅瘤辭費矣嗚
呼此史法文法之所以冡絕於今世者也　吾嘗謂史公作信
陵傳最出色有姿致今夜讀之甚喜急呼酒大飲以此傳下之
惟傳首是時范雎亡魏相秦至公子患之三十四字可删又贊
語亦平平不稱其傳贊末與傳末重複更覺著此無謂若依吾
言盡删去之眞是絕世高文在史記中亦不多有世有知者必
謂余言深得史法
史公襲用國策語多奇偉即點竄一二亦覺神奇獨至抄襲尚書
以訓詁代經文則多點金成鐵者知史文可以人力學之而經
文不易效也
西漢名將韓淮陰第一條侯次之而皆不得其死可惜也

石建取父中帬廁牏身自洒滌注謂廁牏小袖衫也師古曰近身之小衫若今汗衫牏音投而靑箱雜記以蘇林說牏溷板溷板不必親濯當以顏說爲是

龜筴傳曰人雖賢不能左畫方右畫圓而隋書劉炫傳稱炫眸子精明視日不炫能左畫方右畫圓口誦目數耳聽五事同舉無有遺失假令炫生漢世史公必當删傳中語矣因知千奇百怪何所不有迂儒動以理斷而欲知上古之事測海外之情亦烏乎不失哉

捋虎鬚入虎穴幾不免虎口哉語極譎黠可喜史記用僞莊耶抑僞莊竊遷史耶

褚先生史筆與史遷相去何啻萬里而敢於下筆以補綴之亦怪事也然終以補綴史記得附驥以傳至今亦行險以僥倖者也

褚先生所補記或有裨史事者附存之可也乃至三王世家後所言皆注史文也宜小書爲史記注不當列爲正文

漢書

陳勝傳故涓人將軍呂臣注謂涓人如謁者涓潔也主潔除之人後世則專屬之宦官如涓人中涓之類似謂其人既受宮刑除去穢物其身涓潔也

後世稱天子爲官家是從五帝官天下三王家天下而來雖俚而文東平王傳呼天子爲縣官注云不敢指斥成帝故謂之縣官又霍光子禹傳亦云縣官非我家將軍不得至是亦謂天子也然不過此數處耳其餘稱縣官者甚多皆是謂州邑吏矣

敘傳皆引滿舉白注服虔曰舉滿桮有餘白瀝者罰之也孟康曰舉白見驗飲酒盡否也師古曰謂引取滿觴而飲飲訖舉觴告

白盡不也一說白者罰爵之名也飲有不盡者則以此爵罰之魏文侯與大夫飲酒令曰不釂者浮以大白於是公乘不仁舉白浮君是也愚按當以孟康及師古前說爲是服說云罰之巳是餘意至顏氏後說謂白即罰爵之名則引滿舉白豈得釋以引滿舉罰乎且引魏文事爲證則將曰罰以大罰又曰舉罰罰君可乎大約舉白者謂舉而盡之也浮以大白者謂罰以大桮而使舉盡之也　浮字當罰字解古無不然晏子雜下請浮晏子君命浮子爲我浮無字也淮南子蹇重舉白而進曰請浮君

後漢書

古制有不可解者即如侍中亦顯宦也而考其實乃是分掌乘輿服物耳獻帝紀注稱孔安國爲侍中以其儒者特聽掌御坐唾壺朝廷榮之夫儒者也而乃畀以宦官宮妾之任而猶榮之耶

崔伯玉稱張平子謂其制作侔造化此特以其作渾天儀著靈憲造候風地動儀等事耳若其著述則二京之賦四愁之詩膾炙人口而所作東觀漢記及條論遷固者不可得見前人稱東漢班張比之西漢兩司馬亦惜其史不傳然余觀其上書論史事謂王莽本傳但應載篡事而已至於編年月紀災祥宜爲元后本紀按此卽後世儒者高論正統之意而甚非史法也夫莽既篡漢有天下一切刑政盡出其手至十餘年之久班氏但爲作傳不立本紀已失史法而平子復欲立元后紀元后未嘗一日臨朝亦未嘗一日垂簾莽不過以姑氏之故陽尊奉之於宮中爲新室文母乃後世儒者竟取宮中老朽畀之以宰制天下之權非笑話乎夫呂雉之宜爲本紀者雉實臨朝而宰制天下者也此豈可援爲例耶假令是時元后已崩則十餘年中年月災

祥又將紀之於何所乎又其論東漢初謂更始居位人無異望光武初爲其將然後即眞宜以更始之建號於光武之初愚按亦非也更始雖漢宗室諸將以其懦而立之正與漢初之義帝相類光武雖爲之將旋即叛之劉項皆臣義帝高祖且徵兵討弒義帝者然史遷不於項羽本紀高祖本紀之上加義帝紀也况是時稱帝者多矣同姓則劉望劉嬰劉盆子劉永等異姓則王郎公孫述盧芳李憲等帝者紛紛而獨尊光武所封淮陽王而復降於赤眉而終爲赤眉所殺之更始以爲之紀何也又且莽奪天下於孺子嬰之手光武元年之春芳望又嘗立之稱帝於臨淄苟以後世儒者臆見論之則戊辰至乙酉十八年中正可援公在乾侯之例全紀帝嬰上接居攝下接建武漢家統緒可以一日不閒斷又何元后更始之足紀乎然而事非其實古

今萬萬無此史法也平子嘗以紀元后更始之說數上書於朝不聽而後人編史不紀元后而竟有紀更始之年者故詳論之

蔡邕傳宜披露失得指陳政要得失云失得文家罕用宋黃伯思楚詞序參校失得

三國志

稱漢爲蜀者當時敵國之謬語耳吳既與漢通好卽不稱蜀江表傳引孫權語云前所以名西爲蜀者以漢帝尚存故耳今漢已廢自可名爲漢中王也至權稱尊與漢爲盟盟辭一則曰漢與吳再則曰漢之與吳三則曰漢吳四則曰害漢吳伐五則曰害吳漢伐其稱謂確鑿如此然則當時敵國尚正名號而後世乃復沿謬語耶

吾嘗極不然先儒之論正統若以在位之賢否爲分別則三代下

幾可無正統矣若以得位之正否爲異同則舜禹外亦可無正統矣尤可笑者則於分疆裂土之朝而强與之論正統也如漢後之有三國當是時各君其國各臣其民時而兩相侵奪時而交相往來此亦何嘗有所統屬者而生乎其後數百年之人乃忽攘臂而起私以其當時之鄰邦敵國爲之臣屬一則大書之曰此正統也二則分書之曰此閏統也此非特爲所分書之閏統也者必不甘心卽爲所大書之正統也者亦必將赧顔而不受猶之古有三人者本是朋友而後世有好事者論其行事之賢否曰某一人者父也此二人者其子也何以異於是而况忽予忽奪俄主俄臣方尊曹家旋與劉氏而爲門戶之見者又交口稱譽之直謂是聖人復起不易斯言殊不知温公之以魏爲正統者以北宋乃受異姓之禪而得天下者也文公之以蜀爲

正統者以南宋乃宗室子弟而偏安於一隅者也其君極似魏安得不尊曹家其君極似蜀何得不與劉氏（陳壽三國志之予魏猶溫公意也習鑿齒漢晉春秋之予蜀猶文公意也而陳壽名書仍曰三國志則壽見尤高出後來）此是二公私意亦爲人臣者不得已之苦心易地則皆然也浸假錢氏私竊大號與宋爲敵其臣而苟尚論史事必且尊孫吳爲正統矣然則有爲之言豈遂可據以爲定論耶

壽謂武侯國不置史記注無官則妄言也豈有武侯經國而不立史官者耶蓋蜀中兵燹以後文獻無徵壽欲詳紀二主事績而無可考者故有此語明非簡陋然則後人咎陳氏於蜀書最略者亦可已矣

晉書

五行志載哀帝隆和初童謠曰升平不滿斗隆和那得久桓公入

石頭陛下徒跣走此與明末崇禎初年之天啟七崇禎加十還有福王一之語絕相似而明末語更顯而驗更奇

南史

一日與友人飯村家先陳鮮魚乾二味主人自言無肴友戲之曰已得十品何云無肴主人不解友曰二五豈非十耶吾鄉鄉音魚與五同音故云然此友未嘗讀書此謔何異任昉之戲庾杲之食韭葅薤韭生韭而云三九二十七種耶此等語居然入之正史流傳至今是亦史家之無識也　三韭等語入之世說語林足見前輩風流不意竟采入史則可怪矣　李崇爲尚書令富而儉食嘗無肉但韭茹韭葅其客李元祐謂人曰李令公一食十八種見雞跖集此等語固是盡人能道不必勦說也

北史

薛孝通傳載孝通與同人詣晉祠諸人皆拜孝通獨捧手不拜曰此乃諸侯之國去吾何遠拜者慚焉此事入之史傳以爲佳話也紀文達閱微草堂筆記記一員外郎至椒山祠長揖不拜人問之曰我亦員外彼亦員外人曰彼忠臣也其人曰我奸臣乎相與大笑之由孝通事類觀之慚者是乎笑者是乎

舊唐書

漢書依劉氏父子錄略始爲藝文志三古典籍自應備載其後史家多缺此志隋書復志經籍事兼數代自應考厥存亡詳其著錄至劉昫爲唐書作經籍志則方承隋後例宜變通但當記本朝著作不當更及先代矣乃舊唐志中全本開元時毋煚所爲古今書錄摘其書名撰人以成此志而開元以後唐人所著書反盡闕如是乾元殿書目簿而非唐書經籍志也於作史體例

殊大乖舛　唐人著作於四部各有源流此豈容缺略者而史部中如實錄儀制刑法地理尤關一代政體之大今實錄止於中宗儀制止於唐書儀刑法止於開元令式地理止於開元三年十道圖但據所見之書錄便志全唐之藝文是猶但據唐六典作職官志而至德以後品秩高下可以不載但據元和圖志作地理志而長慶以來郡縣沿革可以從删豈尚得爲一朝之全史也乎　經籍志序云天寶以後名公各著文章儒者多有撰述或記禮法之沿革或裁國史之繁略皆張部類其徒實繁臣以後出之書在開元四部之外不欲雜其本部今據所聞附撰人等傳其諸公文集亦見本傳此並不錄云云然則有著書而無列傳者將附其書於何處耶疏於考證自文弇陋故其詞如此乃至我朝乾隆四年重刊舊史當時儒臣校勘之每卷之

末並有考證其經籍志下卷末考證云臣德潛按丁部集錄內唐人自盧藏用後遽接沙門道士諸集而開元以來文如張說蘇頲陸贄權德輿韓愈柳宗元李翺孫樵劉蛻杜牧諸人詩如張九齡王維孟浩然李白杜甫元結李觀韋應物白居易李商隱諸人皆不與焉其爲殘闕無疑也又沙門中無皎然靈徹貫休齊已道士中無吳筠司馬承禎婦人中無上官昭容亦屬漏略備觀新書所載庶乎完善云云本書卷首明白自序如彼而校書者熟視無睹言之舛誤如此其時奉旨編校任非一人荒忽之語更無指擿亦可怪也且一代著作並至開元今僅摘其丁部丁部中又僅數此二十餘人夫自開元九年至於唐末二百年撰著又豈悉數可以終物者乎

徐賢妃諫太宗疏有云業大者易驕願陛下難之善始者難終願

陛下易之又云有道之君以逸逸人無道之君以樂樂身千古良箴也而語極自然似出之甚易者不意初唐閨闈中有此等文字

高宗廢后王氏傳前既云永徽六年十月廢后及蕭良娣皆爲庶人囚之別院武昭儀令人皆縊殺之後復云武后令人杖庶人及蕭氏各一百截去手足投於酒甕中數日而卒然則果縊殺之耶果死於甕中耶不應一傳先後互異又傳云武氏入宮與后及蕭良娣遞相譖毀帝終不納后言后懼不自安密與母柳氏求巫祝厭勝帝大怒斷柳氏不許入宮后舅罷知政事并將廢后長孫無忌等固諫乃止俄又納李義府之策廢后及良娣爲庶人囚之別院是后寵久衰帝惡之深矣乃傳復云初囚高宗念之閒行至其所見封閉甚密惟開一竅通食器出入高宗

惻然呼曰皇后淑妃安在又云朕即有處置此段所載亦與上文大怒光景不合也　呂雉殺戚夫人斷其肢體謂之人彘而武曌殺王皇后及蕭良娣截去手足投酒甕中曰令此二嫗骨醉妒虐之性如出一律本自天生耶抑有所效法耶

唐范攄雲溪友議載先侍郎參李林甫計議後懼罪累逃隱衡山寺中爲行者喑啞不言者十年此大妄語林甫擅權在天寶四五年以後先侍郎卒於天寶初年已不及見安得懼罪逃避之事況十年乎當時與林甫同在中書如册命則林甫爲正使往侍郎副之後人緣此遂造爲參計議之說而攄又妄言之作唐史者據此遂於侍郎傳中有嘗參李林甫計議士林薄之二語而不知皆妄說也史云天寶初卒只此一語已足破言者之妄矣　史云天寶初卒譜云天寶元年卒按天寶二年册命公

主侍郎尙爲持節使則斷非元年卒也二年以後一切册命皆無侍郎蓋是卒於天寶二年者故曰天寶初也

儒學傳劉闢惜林蘊之直陰戒刑人抽劍磨其頸以脅服之蘊叱曰死即死我頸豈頑奴砥石耶闢捨之云云余謂砥石不如磨刀石當時怒斥之詞必不通文云砥石作史者易以典語反無生氣矣

新唐書

歐宋同修唐書而宋非歐匹也宋子京往往喜用隱僻字故六一以札闥洪麻戲之然其書旣成朝廷以出兩手恐體裁不一復詔六一看詳令删定爲一體六一退曰宋公於我爲前輩且人所見不同豈可悉如己意於是一無所易又舊制書成奏御惟列官高者一人時六一官最高當專列名六一謂宋公於列傳

功深日久豈可掩其名乎於是紀志表書六一名而列傳書子京名文人自古相輕歐公此舉眞盛德事也本朝王鴻緒嘗爲明史總裁以衆人同修之明史而刊刻行世據爲己有直題之曰橫雲山人集此與歐公之分書姓名其厚薄高下何止霄壤耶

新五代史記

文忠新五代史譽之固多攻之亦復不少至有爲專書糾其繆者前輩謂薛史詳事實歐史工文章蓋歐公以文章弁冕當代其作此書筆削則學春秋紀敘則學史記刻意摹仿成一家言故後人羣以文章推之然吾謂即以文章論亦頗有不可解者姑勿論其他論其本紀凡本紀首書某祖宗某皇帝即繼之曰姓某氏諱某此史遷以來定例也今梁本紀首云太祖神武元聖

孝皇帝姓朱氏而不言其名諱下云其父誠生三子曰全昱存溫竟不知所謂太祖者何人也雖下敘全昱僅一二語敘存溫二人不數語即言存戰死讀者知太祖爲溫而於史法乖矣至唐本紀則尤恠首云莊宗光聖神閔孝皇帝下即敘其先世有朱邪盡忠又敘盡忠死其子執宜歸唐又敘執宜死其子曰赤心唐賜姓名曰李國昌又敘國昌子克用於是詳敘國昌克用父子事至國昌卒詳敘克用數千言卷將終始見克用之子存勖及云克用卒子存勖立而此卷終矣試令讀者掩卷揣之卷首所謂莊宗者非克用而誰耶而孰知莊宗非克用乃是克用之子存勖而歐公於下卷之首但云存勖克用長子而已中敘其爲天子而於卷末但云皇帝崩而已亦不言其廟謚遂使人讀唐紀至二卷莊宗之事已畢而竟不知所謂莊宗者果何人

也史家有此例耶如謂莊宗之爲存勖世無不知者不待别也則五代之事固有舊史何煩更作耶如謂必爲天子而後稱廟謚吾前卷敍其先世雖於克用加詳而不言克用爲天子可知莊宗非克用也則如曹操身不爲天子而魏書何以稱太祖武皇帝耶如謂後史不足法吾法史記則史遷作秦本紀未嘗不敍其先世爲前卷而何不以所謂秦始皇帝者冠之於首卷之首耶是則公之刻意學史記而於史公之例殆有未合者也歐公之惡五代者甚矣其君自唐明宗周世宗而外無不視爲暴逆之主矣乃獨於弒逆之事隱而不書梁太祖之弒於朱友珪也唐莊宗之弒於郭從謙也皆書曰皇帝崩而已史以紀實實被弒也而與得其死者同辭此豈得爲信史乎或曰是春秋法也春秋於隱桓諸公之不得其死也皆書曰公薨而已噫若是

則大謬矣夫春秋魯史也孔子魯人也以魯人修魯史其諱國惡禮也萬世不易之定法也夫不見春秋之紀他國乎自衛州吁弑君以後凡以實告者靡不書之孔子殷人也宋其宗也而於宋事且無隱焉華督之弑殤公禍及其先人而曾莫之諱也史以紀實據事直書禮也亦萬世不易之定法也歐公之於梁唐非魯之尊非宋之親而諱而不書何耶夫宋之親猶不諱而況非宋耶公之言曰欲著其罪於後世在乎不沒其實又曰人知惡名不可逃爲惡者庶乎其息此皆其所以自附於春秋之旨者也今罪至於弑其君罪莫大矣惡至於無道而被弑惡莫加矣而盡沒其君若臣之實吾不知其所謂欲著於後世而使人知名不可逃者其罪惡更居何等耶是則公之刻意學春秋而於春秋之例殆有未合者也即以文章論之其不可解已如

此徐無黨注不能爲之補正而好言書法則尤史注中之蕪陋
者矣

宋史

元人修宋史專以推崇道學爲事至於紀事書法概乎未有聞也
即開卷數葉太祖本紀中書紀元年月便令人不甚了了如云
後唐天成二年生於洛陽夾馬營云云復云會周祖以樞密使
征李守貞應募居帳下廣順初補東西班行首云云天成上不
書明宗廣順上不紀周太祖登極周祖爲樞密使不稱爲漢樞
密使皆紀述不明使人卒不可曉復云世宗即位復典禁兵云
云復云三年春從征淮南云云其下連書四年五年六年於三
年上不書顯德年號幾令不知史事者讀之尙疑爲廣順之三
四五六年也後復云恭帝即位改廣德軍節度檢校太尉七年

春北漢結契丹入寇命出師禦之次陳橋驛云云則更可大怪周世宗以顯德六年六月殂其子宗訓所謂恭帝者即以是月即位此七年者誰七年耶世宗無七年恭帝以六月即位歷半年至明年之春必已改元久矣即使少主年號爲新朝所革除史臣不得聞之亦當云恭帝元年春北漢結契丹入寇云云焉得蒙混故君稱七年乎荒唐極矣

太祖紀於陳橋軍變事紀之甚詳凡三百八十餘字至廢恭帝爲鄭王尊符后爲周太后止其中有云夜五鼓有云遲明有云至晡而並不紀一月日已可怪矣乃敘次既畢即換行重起書曰建隆元年春正月乙巳大赦改元定有天下之號曰宋云云則試令讀者掩卷思之此紀與前所紀者爲兩年事乎爲一年事乎則荒唐不勝言矣夫建隆元年即恭帝之元年也其前宜書

恭帝元年春正月某日軍次陳橋驛云云記至即皇帝位即當書云定有天下之號曰宋以其年爲建隆元年於是換行書建隆元年春正月某日遷周帝（帝上不得書恭字而宜加周字）及符后於西宮封帝爲鄭王（不當云易其帝號曰鄭王）后爲周太后（不當云而尊符后爲周太后）復書云乙巳大赦改元賜內外百官軍士爵賞云云若是則庶於史法較合矣

宋太祖叱雷德驤曰鼎鐺尚有耳汝不聞趙普吾之社稷臣乎鼎鐺有耳本俗語也入之文史亦雅而爲稗官沿用成惡俗語矣世傳水滸演義中最多

范仲淹傳初太后遺詔以大妃楊氏爲皇太后參決軍國事仲淹曰太后母號也自古無因保育而代立者噫失禮之事後世雖聖主亦有之特無敢言如文正者耳

張邦昌爲僞楚皇帝夫人而知之而中興姓氏錄叛逆傳載邦昌使高麗時會國王死國人重中國之使權立邦昌爲國王後詔還之始爲假王復爲僞天子此豈亦關命運耶先是崇寧閒望氣者謂景州阜城縣有天子氣甚明詔開河縣中斷王氣其後邦昌劉豫相繼僭竊二人皆阜城人然則又係地理使然雖斷之而終不能使之不發見耶　朱勝非秀水閒居錄云邦昌以中書舍人出使高麗至明州謁海神廟夜夢神告之曰他日當爲中國侍郎但不可爲秉政大夫此事吾鄉無知之者神語亦頗難解

建炎三年苗劉之變高宗避位太后抱皇太子臨朝其後高宗復辟韓蘄王擒傳正彥皆伏誅太子旋卒僅三歲耳史謂宮人誤蹴金爐有聲驚悸而死朝野雜記云太子爲張魏公殞於鐵塔

下史云云者爲魏公諱也夫三歲孩提有何知覺今上嫡嗣並
非非種而擅殺之而國史至於不敢書魏公惡得爲純臣哉其
後高宗卒至無子而覔太祖之後以爲子雖曰天意豈非人事
宋史創立道學傳後人非之明人重修宋史依舊史原例後人更
非之余始亦謂其非是既而思之立之是也凡一代之史遇事
關國政沿習久遠爲前代所未有者即當分立門類別創名目
若志若書若表若列傳皆有此例所謂前無可因後不容襲者
也宋之道學胚胎於東都而昌盛於南渡上自朝庭下至草野
推崇尊奉之則高於聖賢詆斥排擊之則目爲朋黨淵源不絕
門戶日分標榜相高眞僞雜出關國是而繫人心豈容不大書
特書別爲卷目哉元明以來不絕其人然多私家授受而無與
政事之得失固不得援舊例者矣　朱子一代人物非諸儒所

可及當入正傳不當入道學傳　既立道學傳則凡爲道學者盡入之已耳何乃優劣朱陸以道學儒林爲區別哉前人謂道學即是儒林無分彼此余又謂不然道學傳當在儒林傳之後凡箋經注史博雅淹通之儒當入儒林傳中其開堂講學薪火相傳說心談性語錄行世者則當盡入之道學傳中彼以流派分門類我即依其門類後先並載而史臣之事畢矣不必盛推之亦不必强抑之世有三長之史家必不以吾言爲妄也

金史

以敗爲勝以小勝爲大捷臣下以欺其君國史遂載其事余嘗謂由近事以律古人諸史所載戰功殆未易盡信也即如吾鄉高橋之役實大敗金人先是建炎三年十二月己卯高宗幸明州己丑出東渡門航海丙申浙東制置使張俊自越州引兵至明

州奏乞海舟上賜俊手書許以捍賊成功當封王爵俊既貪黷
封爵又以俠士劉相如之策遂留俟之及癸卯與金人戰俊先
遣統制官劉寶與戰兵少卻其將黨用邱横死之既而統制官
楊沂中田師中統領官趙密皆殊死戰而主管殿前司公事李
質率所部以舟師來助知州事劉洪道又率州兵射其旁遂大
破之殺四千人明年正月乙巳午刻西風忽起金人復乘之攻
城西門俊與洪道坐城樓上遣兵掩擊又大敗之金人奔走墜
田閒或墜水是夜拔寨去屯餘姚且請濟師於完顏宗弼庚戌
金人復犯明州俊禦之於高橋而俊意不欲留明州乃託言上
召我扈從辛亥盡將其衆入台州洪道亦以丙辰夜悉府實微
服與副總管張思正引所部奔天童山明州遂爲空城有惡少
與崇節馬軍千人而已至己未金人始破明州數礮砰城樓守

者奔散而出城遂陷幷無所謂攻克與戰勝也於是脩前敗之怨搜剔殺掠無所不至其報宗弼者曰搜山檢海已畢而宗弼曰如揚州例遂幷焚其城二月丙子引兵還臨安時金人已由明州登海舶追襲高宗數次矣終不能及故去此金人攻破明州始末載之宋修四明志中爲時甚近蓋尚有目擊其事之遺老所傳述者故得詳悉如此而金史太宗本紀云天會七年（即宋建炎三年也）十二月壬寅敗宋兵於高橋宋主入於海壬寅癸卯相差尚即一日而是時高宗入海已閱十五日之久乃據其書法一似宋主以兵敗始遯去者至云敗宋兵於高橋則直是當時阿里盧蒲渾（來明州將官）掩飾己罪以敗爲勝故爲妄語以欺其主者國史遂據書之耳特高橋之捷爲南宋中興十三戰功之首以元人修金史不應漫不考據而猶沿其誤也　太宗紀又云

八年正月己未阿里盧蒲渾克明州執其守臣趙伯諤此又當時夸大其功故以所俘不知誰何之趙伯諤而強之以爲明州守臣以欺其主者也考明州守臣本張汝舟及高宗來明州汝舟供奉簡儉上嘉之以爲中書門下省檢正諸房公事而以御營使司參議官劉洪道知明州至正月己未金人破明州是時洪道奔天童山三日矣城中軍馬惡少以酒官李木將之焉有所謂守臣者金人既退洪道復來剽民家窖藏其麾下精卒暴横尤甚幾爲州人蔣璉所殺是年四月罷之貶秩二等以直祕閣向子忞知明州則此時數月閒明州凡歷三守臣亦焉有所謂趙伯諤者但即明州一事觀之史多失實如此此事自當以寶慶四明志爲信史惟作志之時不能知北事故金將姓名亦失之今按之金史始知爲阿里盧蒲渾也又志言正月乙巳之

敗虜請濟師於完顏宗弼又言庚戌虜酋兀朮引衆再犯明州又言虜既破明州遣人聽命於完顏宗弼是不知完顏宗弼卽兀朮也且兀朮並未至明州金史本紀云十二月丙戌宗弼取湖州丁亥克杭州阿里盧蒲渾追宋主於明州戊戌阿里盧蒲渾敗宋兵於東關遂濟曹娥江壬寅敗宋兵於高橋八年正月己未阿里盧蒲渾克明州二月乙亥宗弼還自杭州此則自當以金史爲據且志亦知宗弼之未來明州特誤以阿里盧蒲渾爲兀朮而不知兀朮乃宗弼之原名耳

太宗紀於天會四年正月書太上皇帝出奔又於閏月辛酉書宋主桓出居靑城又於十二月癸亥書宋主桓降是日歸於汴城是來降者但是欽宗而無徽宗也乃忽於五年二月丙寅書詔降宋二帝爲庶人於六年八月丁丑書以宋二庶人素服見太

祖廟遂入見於乾元殿封其父昏德公子重昏侯上僅一帝下忽二帝史法之疏也　太宗紀天會四年二月海濱王（金降封遼主延禧爲海濱王）家奴誣其主欲亡去詔誅其首惡十一年八月戊子趙楞誣告其父昏德公謀反楞及其壻劉文彥伏誅夫誣以欲亡去尙在情中誣以謀反則徽宗是時雖封公爵實與纍囚無異此不可以欺婦豎而敢以此誣之眞不情之尤矣以奴告主尙在非理之中以子誣父且是患難中之父子而忍以此誣之眞無理之尤矣況遼奴前車不遠即使病狂喪心希圖富貴焉知不蹈覆轍余疑直是金人欲殺此二人特文致其罪以飾耳目耳　雜史並謂徽宗考終欽宗則爲金人所殺而金史海陵紀乃云正隆元年六月庚辰天水郡公趙桓薨何也

金人雖不能統一天下然百二十年之中滅遼破宋臣虜其君威

震中華懾服與國亦雄矣哉觀金史世紀其始祖以子身流落他方無所憑藉偶以一言之中遂娶六十歲老女子居然生二子一女以漸興起卒成帝業豈非天哉　六十歲老女子能產三兒此事理所必無者金始祖娶之或是偶邀天幸然完顏部以兩族爭鬭不解來煩始祖解之而曰若能爲部人解此怨使兩族不相殺部有賢女年六十而未嫁當以相配此正如今人煩人作事曰事成將厚報汝則豈有許人厚報而以廢物者始祖聞言忻然許諾既爲諭解欣然納之又豈有爲人作事願受人廢物以當酬己者然則此時完顏部落蓋其種類稍與華殊六七十歲婦女生子蓋是常事許者受者蓋皆視此老女子爲宜男之奇貨耳史贊謂娶六十之婦而生二子一女豈非天耶疑尚不達其情事也

明史

楊最諸臣贊曰語有之君仁則臣直當世宗之代何直臣多與重者顯戮次乃長繫最幸者得貶斥未有苟全者然主威愈震而士氣不衰批鱗碎首者接踵而不可遏觀其蒙難時處之泰然足使頑懦知所興起斯百餘年培養之效也而吾謂忠孝節義爲天地閒正氣有一日天地即有一日忠孝節義之氣撑住於其閒故雖亂臣逆子之世亦必有一二忠其所事者此豈盡關培養之效乎明太祖殺戮忠良虐及士類成祖以弑逆得天下所以酷禍忠節士者爲古昔所僅見其後制刑至於廷杖待士之薄極矣然而忠憤之士史不絶書至其亡國而殉節捐軀者難更僕數自是天地正氣不可澌滅耳而乃云百餘年培養之效夫明之待士有何培養之足云也哉　正氣固在天壤閒至

性亦具人腔子中若必以培養之效而言則瞽不必有舜鯀不必有禹矣故忠孝節義在人自奮而以培養立論是亂臣賊子反可藉口矣史臣失言姑詳論之

煙嶼樓讀書志卷第十二

著雍涒灘之歲孟秋月鄞徐氏蘧學齋印

煙嶼樓讀書志卷第十三

鄞 徐時棟 同叔

史下

通鑑前編

金仁山書釋氏生於昭王庚戌始吾雖惡其妄猶以爲必有所據及閱周方叔嬰卮林則羅列佛生典故甚備綜其所考其紀日有二月八日生者佛經薩婆多論有三月八日生者佛所行讚有四月八日生者因果經瑞應經泥洹經其紀世有聖殷王時生者法顯傳有周平王時生者像正記有桓王時生者道安論有莊王時生者費長房錄其紀世并紀年月日有桓王五年乙丑生者羅什紀石柱錄有莊王九年四月八日生者隋書有莊王十年甲午二月八日生者普耀經本行經

有莊王十年甲寅四月八日生者路史引謝承漢書有魯莊七年即莊王十年四月辛亥生者李善注王巾頭陀寺碑引顯微吳縣記釋元暉說二教論注引莊王別傳有昭王二十四年甲寅四月八日生者後魏書僧曇謨最說法琳引周書記異又辨正論又引姚長謙又謂曇謨最及姚長謙據周穆王天子傳及阿含經等又引齊時統上法師答高麗使語其說紛紛眞方叔所謂高僧覈論既聚訟之莫憑一人紀載亦齟齬而自貳昭平桓莊未定何主仲春孟夏未審其時者也乃仁山直斷以爲昭王二十二年庚戌生舍一切殷平桓莊之說而獨主昭王舍一切昭王甲寅之年而獨編於庚戌問其所出自注用周書記異修周書記異今不可見而魏僧曇謨最引之博士姚長謙又引之法琳對傅奕廢佛僧事引之貞觀十三年敕尙書劉德威侍郎令狐德棻問法琳佛生日法琳又引之其說載巵林中甚詳雖不足辨而盡云昭王二十四年甲寅生絕無

二十二年庚戌之說謂是偶誤則編年之書不容舛錯謂有別據則舉要之中明注出處萬萬不足書之事而毅然大書之歷歷有可稽之說而公然自造之此好奇之過也厄林或作周書異記或作周書記異按元僧蒲室集引亦作周書異記

甲子會紀

皇極經世雖出大儒然荒遠上古誰實告之乃至鑿鑿然以黃帝八年為第一甲子此可信乎故三代以上甲子惟入春秋以後始可排次其前當在闕文之列此書自黃帝至周平王幾二千年紀年無一闕失即使薛方山應旂清夜自問能一一無稍疑惑耶既入春秋考證亦未能確即如惠王崩於戊辰閏月己巳為襄王元年春秋從赴故書王崩在己巳十二月左氏明言其前年不發喪後年來告喪之故考國語周語晉語中所數襄王

幾年核之此年事實襄王元年實在巳已與左傳悉合先儒不信左傳以庚午爲襄王元年不考國語之過也今此書亦以庚午爲襄元舍傳從經尙無不可而乃於惠王崩年書襄王畏太叔帶之難不發喪而告難於齊云云則舍傳而復襲傳語首鼠兩端矣惟秦漢以後據史編年當無錯誤

繹史

帝王世紀古史考既佚不傳或見他書所引大約語多蕪雜不盡可信後來作者若蘇轍古史之悍羅泌路史之妄均無足觀獨馬氏繹史網羅古籍述而不作紀事本末洋洋鉅觀千古奇書也後有李鍇者抄撮此書作爲尙史而才識不長論斷乖剌直謂之無知妄作可矣

逸周書

逸周書未可盡信而其言事理亦自有確當不可易者命訓解曰
極禍則民鬼民鬼則淫祭淫祭則罷家此言頗與後世情事相
肖凡民家遇疾病患難連綿不絕則必見鬼疑神卜筮祈禱而
史巫紛若矣
逸周書又厚誣文王如武稱允文大武大明武小明武程寤酆保
諸解並言攻奪戰陳之法謀國取天下之道以教武王以語周
公似一家父子兄弟無日不陰謀豫備耽耽於商鼎者嗚呼誣
罔一至於此
程典解曰如毛在躬拔之痛無不省大聚解曰譬之若冬日之陽
夏日之陰不召而民自來祭公解曰謀父疾維不瘳朕身尚在
茲朕魂在於天太子晉解曰吾年甚少見子而懾盡忘吾其度
文儆解曰壤非壤不高水非水不流皆極似諸子中語於尚書

甚遠也

尙書紀月日不紀年此想是古史體例如此由文推詩後人作詩往往開句用年號或曰皇帝幾十載或曰某某幾年春唐人尤多此法乃三百篇中則但有月日而無紀年如曰定之方中作于楚宮曰六月棲棲戎車既飭曰吉日惟戊既伯既禱曰正月繁霜我心憂傷曰十月之交朔日辛卯曰四月維夏六月徂暑曰二月初吉載離寒暑似此不一而足而總不及紀年知古人行文自有定法如此乃至逸周書則體例不一有然有不然蓋其書眞僞錯雜或係古史所紀爲孔子删餘之書或係戰國僞託爲後人附益之篇學者就此小小體例核其眞僞亦什得一二矣試臚舉之程典解之維三月既生魄程寤解之文王去商在程正月既生魄（御覽引此篇今亡）大開解之維王二月既生魄文儆

解之庚辰（以上文王時）寤儆解之維四月朔世俘解之維四月乙未日（此篇紀月日甚多）王權解之維王不豫於五日（以上武王時）作雒解之武王既歸乃歲十二月崩鎬皇門解之維正月庚午大戒解之維正月既生魄周月解之維一月既南至謚法解之維三月既生魄（困學紀聞引今本無）本典解之維四月既生魄（以上成王時）史記解之維正月王在成周昧爽（以上穆王時）皆但紀月日而無年歲者若大臣解之維周王宅程三年酆保解之維二十三祀庚子朔小開解之維三十有五祀正月丙子文傳解之文王受命之九年時維暮春（以上文王時）柔武解之維王元祀一月既生魄大開武解之維王一祀二月小開武解之維王二祀一月既生魄寶典解之維王三祀二月丙辰朔酆謀解之維王三祀大匡解（第三十七）之維十有三祀文政解之維十有三祀武儆解之維十有二祀四月（以上武王）

時成開解之成王元年作雒解之元年夏六月及二年明堂解之既克紂六年而武王崩及周公攝政六年而天下大治及七年致政於成王嘗麥解之維四年孟夏以上成王時則皆紀載年歲與今文異惟作雒明堂二解敘述篇中爲紀事之辭而非紀年之體其法與堯典之二十有八載及三載及五十載金縢之周公居東二年洛誥之惟周公誕保文武受命惟七年較相若耳

又小開解曰佚而無窮貴而不傲富而不驕兩而不爭者鮮矣諺曰一碗不作響兩碗叮噹響即所謂兩而爭也

大開武解曰若農之服田務耕而不耨維草其宅之既秋而不穫維禽其饗之人而獲飢云誰哀之寤儆解曰無虎傅翼將飛入邑擇人而食和寤解曰綿綿不絕蔓蔓若何毫末不掇將成斧柯大聚解曰耦耕口耘男女有婚墳墓相連民乃有親周祝解

曰二人同術誰昭誰暝二虎同穴誰死誰生又曰故天爲蓋地爲軫善用道者終無盡地爲軫天爲蓋善用道者終無害又曰欲伐而不得生斧柯欲鳥而不得生網羅皆極雋永似諸子似古歌謠

克殷解曰周車三百五十乘陳於牧野帝辛從武王使尙父與伯夫致師王既誓以虎賁戎車馳商師商師大崩商辛奔內登於鹿臺之上屏遮而自燔於火武王乃手太白以麾諸侯諸侯畢拜遂揖之商庶百姓咸俟於郊羣賓僉進曰上天降休再拜稽首武王答拜先入適王所乃尅射之三發而後下車而擊之以輕呂斬之以黃鉞折（謂絕其首見孔注）縣諸太白乃適二女之所既縊王又射之三發乃右擊之以輕呂斬之以元鉞縣諸小白按白旂赤旂之說必是妄語吾前已極論之此解所云尤見誣妄雖

使殷紂當其時亦不爲此已甚況大聖如武王者而忍出此此眞其序所謂行大事者矣蕢子連語篇言紂鬭死紂之官衛輿其軀棄諸玉門之外民之觀之者皆進蹴之武王使人帷而守之此言方合當時情理逸周書殷祝解稱湯放桀於中野中野士民盡奔湯桀請湯曰國所以爲國者以有家家所以爲家者以有人也今國無家無人矣君有人請致國君之有也湯曰否昔大帝作道明教士民今君王滅道殘政士民惑矣吾爲王明之言將爲桀開明士民使從桀也而士民終不願從於是桀與其屬五百人南徙千里止於不齊不齊之民又往奔湯於中野桀復請湯言君之有也湯曰否我爲君王明之士民復重請之桀與其屬五百人徙於魯魯士民復奔湯桀又曰國君之有也湯曰此君王之士也君王之民也而委之何也繼而湯不能止

桀之欲去乃曰欲從 者從君桀遂與其屬五百人去居南巢湯歸薄三千諸侯大會湯再拜退從侯位讓三千諸侯諸侯莫從然後即天子之位按其言雖亦未可盡信然而聖人不得已之時伐暴救民其於舊君必當如此若克殷解所云則侯拜而王揖之又云周公把大鉞召公把小鉞以夾王太顚閎夭皆執輕呂以奏王王入即位於社則是驕矜之氣倨傲之色畢見於羣侯大會之時豈尙有聖人一點雍容氣象哉甚矣戰國妄人之誣先聖也孔晁注逸周書謂殷祝解爲事之不然則克殷解反當爲事之信然者乎

世俘解紀武王所得紂圃中獸曰虎二十有二貓二其數較他物獨少又紀之虎下諸獸之上似甚貴重不易得者即韓奕之詩亦言有貓有虎言之亦似足貴者然則必非今時之貓矣爾雅

釋獸曰虎竊毛謂之虦貓注云虎之淺毛者別名虦貓詩傳亦云似虎淺毛者也蓋直是虎類故皆與虎連言之猶麋之與鹿耳

諸書並謂縣紂頭於白旂惟荀子謂縣之赤旂世俘解則曰武王在祀太師負商王紂縣首白旂妻二首赤旂乃以先馘入燎於周廟與克殷解所云大白小白又異要之事無故實憑空揑造不足辨耳乃至其所紀俘馘無國不有又云武王遂征四方凡憝國九十有九國馘磿億有十萬七千七百七十有九俘人三億萬有二百三十此亦與明季流寇不大相遠矣又云俘商舊玉億有百萬又紀所狩禽虎貓麋犀氂熊羆豕貉麈麝麋鹿或數千數百少或數十則又與孟子所言驅虎豹犀象而遠之者相正反然則豈可信之乎

武儆解僅存八十餘字舊校謂此篇殘缺不可讀孔氏亦無注文余按此篇蓋武王命周公立成王爲後之文故曰詔周公旦立後嗣屬小子誦文及寶典王曰嗚呼敬之哉云云誦者成王名也又按文儆解爲文王立武王爲後之命故篇首曰惟文王告夢懼後祀之無保庚辰詔太子發曰汝敬之哉武儆解篇首亦曰維十有二祀四月王告夢丙辰出金枝郊寶開和細書云云兩篇並云告夢殊不易曉也

無依無靠四字諺語也皇門解曰俾無依無助

皇門解祭公解諸篇雅似尚書義亦醕正商誓解亦古雅其稱后稷之德曰王曰在昔后稷惟上帝之言克播百穀登禹之績凡在天下之庶民罔不維后稷之元穀用蒸享在商先哲王明祀上帝亦維我后稷之元穀用告和用胥飲食肆商先哲王維厥

故斯用顯我西土其詞雅而其意殊薄終不似尚書之渾噩也

又篇首曰今維新誥命爾敬諸朕話言自一言至於十話言其維明命爾似全從尚書敷衍之者

官人解亦見大戴禮中如曰喜之以觀其輕怒之以觀其重醉之酒以觀其恭從之色以觀其常諸語皆極確當不可易而淺露殊甚入之禮記則近似入之尚書全不似矣職方解之在周官亦然

周書中多用韻之文又多計數如四徵六極八政九德之屬幾乎無篇不有是皆周秦諸子故態學臯陶謨洪範而全然不類者也愚謂凡遇此等即非周史原書矣

周秦以前之書所引周書今皆在此書中故逸周書斷非全出於戰國時也

周書七十二篇蓋必有數篇是周史爲孔子所删者戰國諸子又雜以傳聞附益之作不一手故其書有近尚書者有絕似國策者有似諸子者而法家兵家權謀家縱横家儒墨家無乎不有而太子晉解則直是小說家語矣

古史

蘇子由生數千百年之後儼然紀載三古點竄史記以爲古史史記固不盡可憑而古史亦豈可作據哉吾嘗謂莫遠於三代以上之年而莫雜於三代以上之書亦莫妄於三代以上之事實苟當吾世而欲考正舊事勒爲成書此必非博與識不可我朝馬氏所爲繹史庶幾乎博矣而識則未也子由古史亦或有所駁正而沿襲甚多甚哉識之難也彼繼古史而爲路史繼繹史而爲尙史者更無足與論矣

路史

羅氏路史全以讖緯道書示奇炫博本不足據加之以憑空臆造往往核其事迹十譌七八其文字亦以艱深文淺易議論又醇駁互見非佳書也且紀三古之事而止於夏代已可駴怪而旁見側出又常及漢晉後史事眞不知其體例何在也

讖緯之說盛於漢而肇於秦亡秦者胡其胚胎耳帝王世紀云桀見籙書云亡夏者桀於是大誅豪傑此因秦事而附會之不値一笑者而路史後紀獨引之何無識耶

今言

明嘉靖閒海鹽鄭端簡曉著今言四卷專記明事中一條云李文達公天順日錄云八月十五日之變天下驚懼賴今上皇帝以太弟即位尊兄爲太上皇人心始安又云景泰不孝於親不敬

其兄不睦其室朝廷之上怨恨憂鬱災偏天下前後何不類如
此云云余謂前條是景泰閒所紀後條是天順閒所錄無怪其
前後之不類也嗟乎炎涼世態至施諸君父之前可歎也
明喬宇作南京中府守備題名記稱永樂乙巳詔以勳舊重臣鎮
守按成祖崩永樂廿二年甲辰八月明年乙巳爲洪熙元年安
得有永樂乙巳耶又尙寶司題名碑書少卿首姚繼次袁忠徹
而姚繼下注云文敏公夔之子按繼實廣孝嗣子若文敏則方
以正統七年舉進士安得有子在永樂時已恩蔭爲少卿耶又
祭酒黃佐修南雍志稱弘治元年諫官張九功奏請薛瑄從祀
上命禮部會議尙書周文安公等言薛瑄與元儒劉因嘗並議
從祀大學士楊士奇謂其無所著述而止按薛文清以天順八
年方卒而楊文貞已早卒於正統九年安能逆阻文清之從祀

耶以上數條皆爲鄭端簡所駁吾不解以本朝人說本朝典故以士大夫說朝廷掌故何至荒忽如此錄之以爲率意秉筆者戒

永樂之變誅戮廷臣至於族滅其家教坊其妻女雖盜賊尚不至此天理良心牿亡盡矣後世讀史者猶爲墮淚豈當時所謂靖難功臣者獨無人心曾不一言勸沮之也或曰非不欲諫毋亦逆鱗難犯不得不安緘默以全家而保妻子耳然今言載是歲十一月副都御史陳瑛言皇上順天應人以有天下四方萬姓莫不率服而車駕初至京師有不順天而效死建文者如禮部侍郎黃觀太常少卿廖昇翰林院修撰王叔英衡府紀善周士修浙江按察使王良沛知縣顧伯瑋等計其存心與叛逆同宜從追戮云云上曰朕初舉義誅姦臣不過數輩後來二十九人

中如張紞王鈍鄭錫黃福尹昌隆皆宥而用之今汝所言數人況有不與二十九人之數者彼食其祿自盡其心悉勿問由此觀之彼弑逆橫暴之主尚有良心未死之時而逢君長君之徒乃反百計羅織以爲獻媚固寵之計然則導之且不暇尙望其勸沮之耶已死者且不肯相恕尙望其生全未死者耶嗚呼此時明政直是天翻地覆故一二守節之臣其君目之爲姦臣其臣則直比之於叛逆可哀也夫彼亦非有惡於死義諸臣也求寵固位之心勝遂不覺昏惑狂亂耳至於事定而羞惡媿恥之心萌則不得不巧言排詆之以故修實錄者乃妄言方孝孺再三叩頭乞生其實人之見之者如見其肺肝徒爲後人唾駡曾何損於諸忠毫末也彭惠安公哀江南詞敍述建文死義之臣於方正學則曰後來奸佞儒巧言自粉飾叩頭乞餘生無乃非

直筆可謂直窺其隱矣今言謂西楊輩修實錄西楊不應至是俟考巧詆者何謂乎

晏子春秋

孫氏星衍以爾雅釋詁讎匹也匹合也解劉向敘錄中校讎二字愚謂校讎之義莫善於讎敵之說蓋取彼此數本互相校勘斷斷是非有若讎敵故曰校讎然則與配合之義無當也

劉向敘錄云晏子衣苴布之衣麋鹿之裘駕敝車疲馬盡以祿給親戚朋友齊人以此重之晏子蓋短其書六篇皆忠諫其君文章可觀義理可法云云按中閒無故加晏子蓋短四字其上下必有脫佚可知故明刻本注云疑缺是也而孫氏星衍作晏子音義乃云晏子長不滿六尺故云短明本注云疑缺非也夫以不滿六尺解短字盡人皆知不必注也而即謂無缺何耶如云晏子長不滿六尺其書六篇云云亦斷無有此等文法

會稽先賢傳

說郛本謝承會稽先賢傳僅一葉耳采摭而成非原本也孔愉字敬康闞澤字德潤董昆字文通陳業字文理魏朗字少英賀劭無字陳修字奉先七人而已闞德潤傳僅載在母胞八月叱聲震外年十三夢見名字炳然在月中二十一字而已佩文韻府胞字注引先賢傳此語蓋卽出此本耳

會稽先賢傳云賀邵爲人美容止與人交久益敬之在官府嘗著韈希見其足按古人見君以著韈爲不敬左氏所云聲子韈而登席是也後世迥異先賢傳云云則與後世無異然曰在官府著韈是不在官府常赤足矣又其特著此語以美之則是他人雖在官府亦赤足也今世雖極不檢之士無在官府而赤足者又曰希見其足似又未嘗不偶然一見者古今殊異如此

文廟位次圖

牧皮一人諸書俱不在弟子之列我朝雍正二年從祀文廟據孟子也凡諸書所稱弟子者顏路曾點入崇聖祠外惟公伯寮以愬子路見黜申黨申績卽申棖容藏卽奚容蒧不復覆祀餘如鄡單縣亶之或疑一人者亦並祀之祀典至此允稱大備同治二年六月二十五日上命以禮部新定文廟位次圖頒行天下今謹注明其位次名稱於此表中又加圈名旁以便省覽字有異同則旁點之或無此字則角其旁云

按位次圖以弟子從祀者殿上四配（二人已見前餘二人東配第二爲述聖子思子西配第二爲亞聖孟子）東哲六人（已見前）西哲五人（西哲凡六人五人已見前其第六爲先賢朱子）在兩廡則東廡三十五人（三十三人已見前餘二人則一爲先賢公孫僑三十五爲先賢牧皮）西廡三十四人（三十三人已見前其一人則先賢左邱明位第三十三）又二人祀崇聖祠配位（東西）

配位共五人二人已見前餘三人東配第一爲先賢孔氏孟皮第三爲先賢孔氏注云名鯉西配第二爲先賢孟孫氏注名激

明

共八十四人其八十一人已見此表未見者公孫僑左邱明牧皮也牧皮見孟子左氏有親受業聖人傳春秋之說於禮皆必當祀者若子產於咸豐七年始從祀竊謂古今從無子產爲弟子之說論語所載他書所見可不待辨核之左傳魯襄八年子產已能議國政雖其父子國呼之童子然少亦當十五六矣越三年聖父見於傳又越十有二年公穀始記孔子之生是孔子之生後子產必且三十年豈有可强前輩爲弟子者乎聞當時以河南巡撫之請得祀不知作何陳請耳又如蘧伯玉林放皆祀於唐開元中愚謂伯玉見論語的然孔子之友石室圖妄稱弟子貽誤至今若林放則不過孔子同時人稍有見識者禮本之問蓋正當魯禮僭亂之日忽斯人知有禮本遂不覺感觸

聖心特蒙褒許又適遇季氏僭旅泰山至於高弟不能救正遂不覺憶及斯人援爲比擬夫泰山豈有如人之理泰山不如林放者季氏不如林放也立言之體應爾也曰曾謂泰山不如林放林放之無足重輕可知夫以區區之林放尚知禮本之問而世爲執政之季氏反無知妄作一至於此究其語意林放之必非弟子又可知也此又石室圖妄稱弟子之貽誤也而乃居然高坐西廡之首雖孔子稱許之高第弟子明見論語如原思南宮适漆雕開公西華子賤公冶長樊遲左邱明諸賢悉在其下林放舊位本西廡第一今以增祀子產改東廡第二愚妄之見竊謂當依嘉靖九年之議與伯玉同改祀於其鄉者

謹案諸賢之升祔殿上列配位哲位者祀典尤重非末學所敢妄議也若兩廡中位次先後似當以見論語禮記春秋傳孟子諸

書者爲先而以無所表見史記家語諸書之稱爲弟子者次之
其同見諸書者似當以孔子所稱許者爲先而其餘次之今東
廡先賢如漆雕開乃後於商瞿公西華非特後於司馬牛且後
於梁鱣冉孺伯虔冉季漆雕徒父漆雕哆諸賢若琴張牧皮則
幾乎殿矣西廡先賢如高柴樊遲乃後於公晳哀巫馬期後於
商澤若申棖左邱明幾乎殿矣蓋前代之序位次多本史記家
語所載年歲爲先後然以漢人紀數百年周人之年歲何自知
之故核之諸書事蹟往往叵信此豈可據爲祀典者況文廟祀
典祀學問不祀長幼若祀長幼顏曾思孟又何能升爲四配哉
文廟之祀所以祀學問也以子産之惠人君子伯玉之君子寡過
並爲孔子所稱歎師表百世誠足祀於學宮然萬無以兄事友
事者而屈在弟子列之理故愚嘗有妄議謂天下大成殿皆三

間中間奉孔子南面四配東西面其二旁間則十二哲東西面今若於兩旁間中上各設南面神龕以祀聖友非特子產伯玉可祀其中即吳季札齊晏子諸賢推而廣之如儀封人達巷黨人之深能知聖者俱可列祀之師弟朋友聚處一堂表章學術鼓勵後生當亦孔子在天之靈所心許者釋奠之日別具羊豕分官獻告於禮於理似無不合草野私議焉得禮官入告

又案新定位次圖中於崇聖祠西配先賢曾子下注云名晳此蓋據昌黎諱辯曾子之父名晳語也然論語稱曾晳與子路冉有公西華一律云點爾何如與呼由求赤一律是曾子之父名點字晳萬無疑義昌黎偶然錯記不知禮官何爲錯據之也

非子貢則夫子之道不大非子路則夫子之道不尊故生平嘗有妄議謂聖廟若立四配當以顏曾端木仲四子

道光朝曾有請陳良從祀者部駁謂無著述不許吾不知林放曾著何書也昔賢遇合孔子謂之命孟子謂之天不意數千年後血食亦有天有命如此

孟子大書特書曰陳良之徒陳相既著陳相背師之罪亦見陳良在當時必是大賢名儒若稍無足輕重斷不作此書法也孟子曰陳良楚産也悅周公仲尼之道北學於中國北方之學者未能或之先也彼所謂豪傑之士也後人品題先儒可違孟子否孟子品題時賢有如此稱許否

試問於人曰有一庶民爲日記擬起居注自比天子言稱朕以朝廷宮殿苑圃名目當其家屋宇園林實則其家幷無屋宇園林也若此人者當尊之乎不乎必曰此病狂喪心之人不待教而誅者也今王通以身有穢行之人爲中說擬論語自比聖人言

稱子以朝廷將相大臣名氏當其家門人弟子實則其家并無門人弟子也此與前所說病狂喪心之人相去幾何而乃羣奉而尊敬之至於配食孔氏之廡下眞天地閒一大怪事也

紹興十八年同年小錄

明人重刻紹興十八年同年小錄改名朱子同年四庫提要極斥之謂其標榜門戶有害名教陳義甚正而宋代同年小錄祇存二本體例無所分别提要於寶祐四年題登科錄此則題同年小錄不解作何區别或亦兩錄原名本互異耶抑又有可疑者提要於此錄云宋代同年錄今率不傳惟寶祐四年以文天祥陸秀夫謝枋得三人爲世所重如日星河岳亙古長留足以搘拄綱常振興風教而是榜以朱子名在第五甲第九十講學之家亦自相傳録得以至今云云下即極駁王鑑之改名之妄其

於寶祐錄云三人並以孤忠勁節撐拄綱常數百年後睹其姓名尚凜然生敬此錄流傳不朽若神物呵護者豈偶然哉云云相其語氣殊覺抑揚過甚平心論之三忠同榜固是希有之事而以朱子一人敵三忠臣恐亦未易軒輊二錄並傳至今並可寶貴何必遽作此微詞哉紀文達不喜宋儒時亦不滿朱子徒以身修官書朱子爲列聖所尊重未敢訟言之耳至如同年錄之傳不特非朱子所能逆料抑亦非張大其門戶者之能必其久傳且與朱子生平學術絲毫無涉而乃故於筆端上下其手亦可已而不已者矣

寶祐四年登科錄

寶祐四年登科錄提要作一卷今以策問及考官姓名等爲卷首以全榜題名爲一卷文山對策及御賜詩文山謝詩表爲一卷

諸進士字貫三代爲一卷三忠傳爲一卷（此提要似無之）共分四卷而林佶等跋附焉提要謂考官王應麟奏文天祥卷其第一甲第九人王應鳳卽應麟之弟當時法制猶疏未有迴避愚按厚齋先生實爲覆試檢點試卷官後世科場條例雖密似亦無因覆試外簾官而迴避已中舉子之例也是科吾慶元府得十二人（四甲二百二十六趙必聰錄但云本貫玉牒所據寶慶四明志知慶元八）其中一人（五甲第三十三）錄但云本貫慶元府鄞縣字文轟而脫其姓名據寶慶四明志始知爲章霆瑞志在陳著之下（五甲十七）卓雲之上（五甲八十三）名次既與錄符霆轟義尤相配是可據志以補錄無疑也又四明志尚有楊應霆等十八人爲錄中所無按此錄五甲中姓名本貫盡脫者凡二十九人（八十二又九十四又百五又百六又百九十至榜末二百十三凡二十四人）又特奏進士全然未載此十八人或在二十九人之中或係特奏名均不可

知提要祇言括蒼彙紀衡州府志萬姓統譜三書所稱寶祐四年進士爲此錄所無者皆在所闕之內而不及寶慶四明志似亦偶然疏忽矣延祐四明志與寶慶志全同二志並經當時采進並著錄於提要中

越絕書

周時有越絕一書所謂或子貢或子胥作者今所傳越絕書乃漢袁康所作是越絕之傳其後越絕亡而越絕書獨存書中明白可考不解數千年來讀是書者何以皆復夢夢卽以漢人之書而疑子貢子胥作也其篇末詳記作書人姓名爲袁康删定者爲吳平既已顯著名氏毫不揜飾如此而書中乃曰子貢作此書子胥作此書雖夢中囈語無是理也本事篇明云何不稱越經書記而言絕乎謂此書何以不名曰越經或越書或越記而

乃名越絕乎下文詳釋所以稱絕之故今此書儼然名越絕書而尚曰何不稱書又夢中囈語所未有者即此兩端今書顯爲越絕之傳作者本是明白並未作一夢語而後之讀其書者反皆憒憒說夢可異也餘證尚多余將爲越絕考以發其覆而解數千年不解之疑案亦一快事也

宋元四明六志

乾道四明圖經云陳國冢郡國志鄮山有陳國冢一名雁棲墓昔爲日南太守死有雙雁隨柩而歸棲墓上三年然後去又寶慶四明志與此同下注云出太平寰宇記而水經沔水注曰江水又經官倉官倉即日南太守虞國舊宅號曰西虞以其兄光居縣東故也是地即其雙雁送墳處名國同官日南太守同雙雁送葬異事亦同必是一人而傳聞異詞以至陳虞之姓互異耳

然水經稱東虞西虞本事詳悉如此且著書之人時代較先恐是圖經誤也俟更考之

寶慶四明志載石曼卿籌筆驛詩刻節推廳壁今郁氏書畫題跋記又載曼卿古松詩墨蹟及樓宣獻趙節推師夏二跋趙跋謂刻古松詩以配籌筆且云古松詩爲袁正獻家物其子木叔見示因得模刻云云此事關吾鄉掌故樓趙二跋并黃槮一跋皆當補入志中噫摘花作供謂之方長不折摩挲古蹟謂之玩物喪志道學家迂態不能爲之曲諱今正獻偉然學道人也近余以從祀兩廡請於官已得奏請俞允而當時趙節推乃稱其好奇嗜古所蓄前輩遺墨甚衆其風流儒雅照映千古亦迴異貌爲巖巖者矣

先大夫之字上安下國故余刻宋元四明六志遇二一字連者輒改

下一字作古文之戜而已所作詩文避不敢用後見魏書禮志稱孔　爲孔安無下國字史記秦紀正義稱韓　爲韓國無上安字偏舉其名似爲我諱古已先之何妨沿用也

水經注

酈道元水經注於東南水道錯誤甚多故其自言有曰東南地卑萬流所湊濤湖泛決觸地成川枝津交渠世家分夥故川舊瀆難以取悉雖麤依縣地緝綜所纏亦未必一得其實也是古人著書毫不文過如此後來所作若南水經今水經諸書考核水道似較詳密而雋雅華縟博奧精詳萬不能及道元矣

難字爾雅命名頗奇其書今不傳水經比水注曾引一條云瀙水在比陽惜無從見其原書矣

煙嶼樓讀書志卷第十三

鄞蘧學齋徐氏
校印書籍之記

煙嶼樓讀書志卷第十四

鄞 徐時棟 同叔

子上

荀子

勸學篇云小人之學也入乎耳出乎口楊倞注謂道聽塗說也按此六字與不苟篇之非惠施鄧析者正同豈亦謂其琦辭怪語皆道聽而塗說乎

勸學篇若挈裘領詘五指而頓之順者不可勝數也楊注詘與屈同頓挈也謝氏墉曰頓猶頓挫提舉高下之狀若頓首然注挈也疑誤順者不可勝數言全裘之毛皆順矣按吾鄉方言凡以手挈物因而高下之而去其汙垢皆謂之頓正此字也舉足屢高下謂

之頓足俗謂之頓脚義與頓[illegible]之頓同

不苟篇曰山淵平天地比齊秦襲入乎耳出乎口鉤有須卵有毛是說之難持者也而惠施鄧析能之然而君子不貴者非禮義之中也楊注皆實闡其所以然如云以平地比天則地卑於天若以宇宙之高則似天地皆卑天地皆卑則山與澤平矣又云毛氣成毛羽氣成羽雖胎卵未生而毛羽之性已著故曰卵有毛也愚按楊注似不得其意荀子之意蓋皆謂必無之事必無之事而欲實之爲有是說之難持者也然而惠鄧之巧辯獨能說無爲有故曰非禮義之中也山豈能與淵平地豈能與天比齊秦相去甚遠豈能相合鉤豈能有須卵豈能有毛皆謂事理之必無者也入乎耳出乎口二句不可解楊亦云未詳而又著或說云即山出口也言山有耳口也凡呼於一山衆山皆應是

山聞人聲而應之故曰入乎耳出乎口或曰山見吐納雲霧是有口也云云按無故添設一山字已不可解而其解語更爲轇轕不順闕疑可也

非十二子篇曰不法先王不是禮義而好治怪說玩琦辭甚察而不惠辯而無用多事而寡功不可以爲治綱紀然而其持之有故其言之成理足以欺惑愚衆是惠施鄧析也按此語正與不苟篇所云意合不苟篇所云山淵平以下七語蓋皆二子書中語即所謂琦辭怪說也

戰國之時士習靡下以立談取卿相爲貴以不求聞達爲賤至如孟門高弟乃欲以儀衍爲大丈夫矣又如陳仲子者若生漢晉六朝之閒豈非石隱之高士乃孟子尚以爲巨擘而趙后至以爲可殺荀子不苟篇曰盜名不如盜貨田仲史鰌不如盜也其

輕鄙之如此

榮辱篇曰鬭者忘其身者也忘其親者也忘其君者也行其少頃之怒而喪終身之軀然且爲之是忘其身也室家立殘親戚不免乎刑戮然且爲之是忘其親也君上之所惡也刑法之所大禁也然且爲之是忘其君也按此云親戚亦指父母言故云忘親楊注曰蓋當時禁鬭殺人之法戮及親戚似楊以後世親戚爲解矣　古人親戚只指父母兄弟言之左傳云昔周公弔二叔之不咸故封建親戚以藩屏周國語曰近臣盡規親戚補察國策云貧窮則父母不子富貴則親戚畏懼此親戚對嫂妻言之禮記曰兄弟親戚稱其慈也意與人不閉於父母昆弟之言同則亦指門內之人言之孟子寡助之至親戚畔之亦謂父母兄弟以至管子之重於親戚晏子之離散親戚孟子之亡親戚

君臣荀子之親戚不免刑戮尸子之以親戚徇尸子曰非人君之用兵也以爲民傷闕則以親戚徇皆是也至漢書賈禹傳之賞善罰惡不阿親戚魏志華歆傳之祿賜以振施親戚晉書裴頠傳之雖后親屬然海內不謂之以親戚進也則皆指貴戚姻婭言矣　史記五帝紀堯二女不敢以貴驕事舜親戚甚有婦道又孟嘗君傳與客語問親戚居處客去已使使存問獻遺其親戚此親戚皆謂其家屬而斷非姻婭也　吾向言周秦以前無解親戚作姻婭者以此二字連文言之耳若分析言則解親爲父母者無論矣若如懿親周親至親親親仁親大學仁親以爲寶淮南子義尊乎君仁親乎父又如左傳之內舉不失親按謂舉子祭義之立愛自親始禮記之婦若有私親兄弟按云私親亦謂婦之親屬耳非如後世之所云私親者也皆謂其門內親屬也而戚字亦然如曰戚之也解作親之也指兄弟言戚戚兄弟解作親親兄弟

亦指兄弟言有貴戚之卿明别乎異姓之卿言之則實指同姓爲貴戚矣鄭注周禮掌戮以親謂緦服以内又注太宰謂若堯九族又禮記喪服注謂六親謂五屬之内老子六親不和有孝慈王弼注六親父子兄弟夫婦也列子有人去鄉井離六親後漢書注馮衍傳秦彭傳六親謂父子兄弟夫婦呂覽云何謂六戚父母兄弟妻子高注六戚六親也然則古人皆以親字戚字指門内親屬言者如此左傳曰兄弟雖有小忿不廢懿親鄭注周禮小司寇議親之解云親謂五屬之内及外親之有服者此則解親字而已及姻婭矣然猶曰外親則雖及姻婭而猶必外之若後世則直云外姻矣正如史記作外戚列傳夫云外戚則戚非姻婭可知

非相篇曰堯舜參眸子楊注謂有二瞳之相參也史記曰舜目重瞳蓋堯亦然愚按參即三字凡人一目一瞳是二眸子也舜一

目重瞳蓋一目如常人故云參眸子

非相篇曰今世俗之亂君鄉曲之儇子按亂君而加世俗則非君國之君也下文云莫不美麗姚冶奇衣婦飾血氣態度擬於女子婦人莫不願得以爲夫處女莫不願得以爲士又云然而中君羞以爲臣中父羞以爲子中兄羞以爲弟中人羞以爲友又云俄則束乎有司而戮乎大市莫不呼天嗁哭苦傷其今而後悔其始詳味上下是亂君只作亂民解然稱民爲君亦太奇矣而楊氏無注豈本作亂民刻板誤耶

親家見史猶言姻家非相篇曰婦人莫不願得以爲夫處女莫不願得以爲士弃其親家而欲奔之者比肩並起按此親家只作夫家解

非十二子篇非墨翟宋銒又儒效篇曰愼墨不得進其談是其惡

墨無異於孟子之闢墨也而成相篇乃曰墨術行治之經禮與刑君子以修百姓寧忽復推尊墨術何也楊氏無注或此墨術非云墨翟之術耶其富國篇又極非墨子末云故墨術誠行則天下尚儉而彌貧非鬬而日爭與成相之墨術行治之經大相正反者何也　成相篇墨術行治之經吾甚疑之本篇前數語明云愼墨季惠百家之說誠不祥不應才數語而遽尊之也且荀子一書非墨者無篇無之如天論正論禮論樂論解蔽諸篇皆極駁詰之也

仲尼篇是猶伏而咶天注云咶與舐同管子地數篇十口之家十人咶鹽莊子人閒世咶其葉則口爛而爲傷按其義皆是以舌引物之義故云與舐同也而廣韻訓爲鼻息博雅云息也疑皆失之觀三子文義及其从口从舌字義斷爲舐物無疑也莊子

田子方䛧筆和墨釋文䛧本作䛢又字詁云䛧古文䛇又漢書吳王濞傳集注云狧古䛇字又韻書作䑛是䛧也咶也䛢也䛇也狧也䑛也皆同一字也

五伯之說紛紛不一若從其朔則當以荀子爲定王霸篇曰雖在僻陋之國威動天下五伯是也下云故齊桓晉文楚莊吳闔閭越句踐是皆僻陋之國也威動天下彊殆中國　成相篇曰世之禍惡賢士子胥見殺百里徙穆公任之强配五伯六卿施按荀子數五伯不及秦穆此云配則亦不可厠正數中矣孟子曰秦穆公用之而霸左傳曰遂霸西戎蓋秦穆之霸霸西戎耳不能列五伯也　宥坐篇晉公子重耳霸心生於曹越王句踐霸心生於會稽齊桓公小白霸心生於莒是亦以句踐列五伯中也

史記武王斬紂頭縣之太白旗而荀子正論則云武王伐有商誅紂斷其頭縣之赤旂又解蔽云紂縣於赤旆或問當以何者爲信余曰聖人不爲已甚紂雖獨夫而究則君也既已自殺吾意當時必當禮葬之然則縣之旂旆倘爲子虛又何論其赤白哉孔北海論武王謂伐紂斬而刺之不如漢高赦子嬰之寬裕是爲逸周書及諸子書所誤也

僞古文竊解蔽篇引道經語而衍之爲十六字而僞作孟子外書者不知也乃引之曰舜之誥禹曰人心惟危云云僞古文竊荀子引書先時者殺無赦二語造爲政典而僞作三墳者不知也乃引其語入三皇政典中大偷小偷眞可憐而可笑也

三世出妻之說吾最惡之誣孔子而并及其門人於是有曾子出妻之說又誣之而及於私淑者於是有孟子出妻之說漢人謂

孟子以妻袒於房欲出之以母止之不果此似誣妄不可信而荀子解蔽則曰孟子惡敗而出妻可謂能自彊矣注云孟子惡敗德而出其妻可謂能自彊於修身也則是孟子眞嘗出妻者矣異哉　荀子與孟子相去甚近而出妻之說世無信者況作檀弓者與子思相去甚遠而可信其說耶余謂作檀弓者已必嘗出妻而欲援以自解故造此說耳荀去孟不過百年而記禮者更遠在荀卿之後也

解蔽篇厭目而視者視一以爲兩注厭指按也以指按目目前之物往往歧出古人文章形容之妙如此周秦諸子窮形盡相往往能道此等語後人不能矣

正名篇曰生之所以然者謂之性性之和所生精合感應不事而自然謂之性又曰心慮而能爲之動謂之僞慮積焉能習焉而後成謂之僞其自解僞字如此故嘗曰桀紂性也堯舜僞也言

堯舜之聖以作爲耳不然荀子論政事治道極口推尊堯舜豈至此忽狂惑而曰堯舜詐僞乎

性惡篇曰不可學不可事而在人者謂之性可學而能可事而成之在人者謂之僞是性僞之分也又曰人之性惡其善者僞也錢曉徵跋是書謂僞古爲字即作爲之爲非詐僞之僞論之甚詳似矜獨得者按楊注云僞爲也則前人曾言之矣且荀子有曰陶人埏埴而爲器器生於工人之僞非故生於人之性也是又明明以僞爲爲豈得曰器生於工人之詐僞乎則何庸詳辨之乎

禮以義起記禮者之言也荀子最爲習禮大儒而其言曰禮以順人心爲本故亡於禮經而順人心者皆禮也（大略）此言最得禮之本意

宥坐篇曰太公誅華士華士不知何人楊注韓子曰太公封於齊東海上有居士狂矞華仕昆弟二人立議曰吾不臣天子不友諸侯耕而食之掘而飲之吾無求於人無上之名無君之祿不仕而事力太公使執而殺之以爲首誅周公從魯聞急傳而問之曰二子賢者也今日饗國殺之何也太公曰是昆弟立議曰不臣天子是望不得而臣也不友諸侯是望不得而使也耕而食之掘而飲之無求於人是望不得以賞罰勸禁也且先王之所以使其臣民者非爵祿則刑罰也今四者不足以使之則望誰爲君乎是以誅之按此語眞法家之言重誣太公者也正與趙后之欲殺陳仲子同意夫不臣天子不友諸侯正易所謂不事王侯高尚其志者也耕食掘飲不仕事力正堯民所謂耕田鑿井帝力何有者也太公而知其才可用也則當教以出仕而

知其才無用也則聽其碩隱沒世而已奈之何而以爲首誅也夫殺一無辜仁者不爲之二人者高介士也非但無辜者也而誅之耶況曰不得賞罰勸禁其語尤妄夫賞以勸有功罰以禁有罪二子者無功而亦無罪者也焉用賞罰哉且齊之民衆矣不皆有功而有罪者也不皆有功而有罪則賞罰不概用也賞罰不概用則將比齊之民之無功而無罪者而盡誅之而曰吾不得以賞罰勸禁故誅之也豈理也哉故曰此法家之言重誣太公者也又且伯禽就封而周公未嘗之魯也云公從魯聞亦失本事又二人曰不臣天子而太公曰是望不得而臣也望豈天子哉太公亦斷不作此語史記稱太公謂夷齊義士命扶而去之夫夷齊則亦不臣天子不友諸侯者也

宥坐篇引孔子之言曰去其故鄉事君而達卒遇故人曾無舊言

吾鄉之此雖不必果出自聖人而狀後世士大夫絕肖

曹共公聞其駢脅句欲觀句其裸浴句薄而觀之句此讀法甚善

楊注宥坐篇引此傳云曹共公聞其駢脅使其裸浴薄而觀之

是亦以欲觀其裸浴五字爲句與今讀法同

法行篇曾子曰無內人之疏而外人之親無身不善而怨人無刑

已至而呼天內人之疏而外人之親不亦遠乎身不善而怨人

不亦反乎刑已至而呼天不亦晚乎親人天爲韻遠反晚爲韻

荀子書閒有韻語不獨成相賦篇也

法行篇君子有三恕有君不能事有臣而求其使非恕也有親不

能報有子而求其孝非恕也有兄不能敬有弟而求其聽令非

恕也事使報孝敬令各爲韻又按此數語極淺易而極學問凡

處倫類者皆當瞿然三思凡婦人語言當爲其婦也無不詬其

姑及其爲姑也無不詈其婦苟一身而兼有上下則必悖悖然自謂生不逢辰矣使以荀子此語曉之亦午夜鐘聲也

哀公篇夫端衣玄裳絻而乘路者志不在於食葷斬衰菅屨杖而啜粥者志不在於酒肉是明明以葷爲菜與酒肉相反今乃以酒肉爲葷何也（注葷葱薤之屬） 又云黼衣黻裳者不茹葷非口不能味也服使然也按此謂衣祭服也臨祭當齋不茹葱薤故云云前云端衣玄裳亦當作此解謂臨祭而齋則志不在於葱薤臨喪而蔬食則志不在於酒肉楊注似未見及此

周公謂魯傅曰吾所執贄而見者十人還贄而相見者三十人貌執之士者百有餘人欲言而請畢事者千有餘人此荀子堯問篇文也說苑尊賢篇曰周公攝天子位七年布衣之士執贄所師見者十二人窮巷白屋所先見者四十九人時進善者百人

教士者千人官朝者萬人由是言之呂覽所云吾不與處之語亦甚誣矣

荀卿弟子之贊荀卿者有云（堯問篇）孫卿懷將聖之心據此是論語固天縱之將聖將字不當作虛字解也

忠經

世僞造武侯心書而中引僞古文尙書他無論矣季長忠經其引書詞亦僞居其五

讀書分年日程

程畏齋端禮讀書分年日程世有其書余屢求之不得也阮文達稱寶應朱止泉澤澐初得是書即尋其次敘刻苦誦習

小兒語

明呂得勝小兒語其子坤續小兒語一書皆似衢歌里諺使小兒

初學語時教之成誦以培植其根本意亦甚善惟嫌不盡通俗不能使老嫗乳媼一一俱解則教之者先未了了於心誦之者雖能歷歷上口亦奚益哉余嘗與烏釀仙世耀擬爲之以方言鄉談之久在人口於事理實的確不磨者取而删潤之一夕成數十條其名兒語其實則老成人不能易也頗足訓俗而燬於火惜哉

人譜

劉忠介公宗周人譜爲吾鄉金谷亭所刻谷亭即金烈婦之父烈婦世稱金八姑娘者以寃自投於海余有鶴骨籥記見文集中其後慈谿葉氏購其板而加刻行狀論世知人亦有裨於讀是書者也人譜已刊於忠介全集然本或單行故四庫別著錄於儒家類采葺嘉言懿行發人深省學者常置案頭時一翻閱亦

何異看因果書記功過格乎惟沿宋儒習氣首爲太極圖以後條皆冠圖大圈小圈奇形怪狀殊失聖門氣象正不必爲公諱也

求仁錄

國初時慈谿有潘平格字用微者力求聖賢之旨蓋亦有志於學者也著求仁錄十卷大意以渾然天地萬物一體爲主腦自孔孟以來二千餘年無人知道直至其一人始能明之可謂言之不怍者矣寧波府志隱逸傳云自謂剖析精微與堯舜禹湯文武周孔顏曾思孟之道若合符節其深信不疑如此至今門人在崑山者尙守其師說云云此傳語述而不斷本是微詞近時用微裔孫重印求仁錄以志傳冠首不知傳語之諷之也志作於康熙朝至今又閱百餘年恐所謂崑山學派亦闃寂矣

用微謂格物者格通身家國天下之物也於是無一時一事非大學格物之物按此說亦先輩有之非起自用微者然而其說不可通也格物尚在致知之前既能致知還要誠意正心修身然後可推之於家國天下其次序如此今謂格物即是格通家國天下之物則大學中但須致知在格物一句便了後來多少工夫次第皆抹殺矣夫格物至平天下其理原是一貫譬如人家一所大房屋其中原包得千萬閒然必有門有庭有階級有廳堂而後有室今以其許多房屋只是一所遂曰此門庭即是廳堂即是室宇則斷斷不可也潘言似乎有理而不知無一非蹈空者

其書辯論蠭起滴滴歸源總不外渾然一體之語吾謂如此以求聖道聖道愈遠使讀者目眩心驚愈見高妙其實即是禪學玄

旨而與聖道分毫無涉也夫聖人之道在實踐而已安有所謂高妙者做人好便是聖人做人不好便是盜跖桀紂潘氏開口便曰孔門之學以求仁爲宗又曰仁人性也求仁所以復性此等老生常談何補世用毛文強序其書至謂抉千聖不傳之祕析萬古不解之疑吾不知其何疑何祕而推而躋之於周程朱張之上也

凡論辨何常之有今曰自古聖賢所說之語無一語非渾然一體也可也今將曰物之各自一體各不相合而我以道貫之此與用微之說反矣然未嘗不可取自古聖賢之語以證吾說也今曰自古聖賢所說之語無一語非人性本善求仁以復性也可也今將曰人性本惡必彊勉力行以至於爲善此與用微之說又反矣然未嘗不可取自古聖賢之語以證吾說也此諺所謂

舌頭無骨者也總之能躬行實踐以化後進小而鄉邑大而天下近而妻子遠而後世能此者吾敬之事之若只在言語上作聖賢吾不以爲然也夫論辨亦有何益論聖道亦有何用前輩謂一日可成一部書者莫如語錄旨哉言也

用微謂曾子之仁完全得孔子一呼當下印實譬如雞雛肢體已完雖在殼中勢將破殼而出只在母雞一啄耳余謂此語眞覺擬不於倫若果如其說何異禪家之棒喝乎一貫忠恕仍是聖賢實踐工夫若看一貫做神悟則忠恕已分兩事已分人我矣復何得云一貫乎儒者之說一貫無非佛語眞覺可笑而用微尚拾人牙慧者也且用微嘵嘵說格物物格而只家常小物亦不能格也卵殼是雞雛自啄而出何曾待母雞之一啄者

心書

世傳武侯心書五十篇新書十四篇讀之多陳言不類武侯他文字又心書將誡篇引書曰狎侮君子罔以盡人心狎侮小人罔以盡人力又戒備篇引曰惟事事乃其有備有備無患則不應東晉晚出之僞古文而武侯得見之也且蜀漢諸臣上表昭烈勸進時以昭烈名合圖讖稱聖諱昭著又不應以武侯著書而以聖諱名篇也凡此皆可疑者

管子

形勢篇曰召遠者使無爲焉親近者言無事焉惟夜行者獨有也此數語爲淮南覽冥訓所本房元齡注夜行謂陰行其德亦不知夜行是古書名也詳見淮南子條

今日之今霍霍栩栩少焉矚之已化爲古僞心史中語也此等語前人多有之不足爲異管子乘馬篇曰昔之日已往而不來矣

已爲莊列胚胎

乘馬篇云分春日書比立夏日月程按分春卽今春分也後世每月分二節一歲二十四節而管子幼官篇則以十二日爲一節春分八節曰十二地氣發曰十二小卯曰十二天氣下曰十二義氣至曰十二清明曰十二始卯曰十二中卯曰十二下卯夏分七節曰十二小郢曰十二絕氣下曰十二中郢曰十二中絕曰十二大暑至曰十二中暑曰十二小暑終秋分八節曰十二期風至曰十二小卯曰十二白露下曰十二復理曰十二始節曰十二始卯曰十二中卯曰十二下卯冬分七節曰十二始寒曰十二小榆曰十二中寒曰十二中榆曰十二寒至曰十二大寒曰十二大寒終四時凡三十節而三百六十日終焉此皆見幼官篇者其中清明大暑小暑白露大寒與今節氣同名而其

時則又不合如管子清明在初春以來四十八日今清明在立春以後六十日至大暑小暑則與今互異先後又春分立夏今節名也而乘馬篇所稱分春立夏不在三十節氣之中房元齡注陰陽之數日辰之名於時國異政家殊俗此但齊獨行不及天下也

左傳隱四年曰賤妨貴少陵長遠閒親新閒舊小加大淫破義所謂六逆也管子五輔篇曰下不倍上臣不殺君賤不踰貴少不陵長遠不閒親新不閒舊小不加大淫不破義凡此八者禮之經也下上君臣二事外幷次序亦復相同左氏本管子乎抑管子襲左傳耶

朋黨二字始見管子其法禁篇曰以朋黨爲友參患篇曰羣臣朋黨則宜有內亂其他言人臣黨而成羣者甚多按仲以鮑叔之

薦而相齊國及其將死而桓公欲以鮑叔爲相仲猶論其無相度不足爲相其可謂不肯爲黨者矣卽廷臣此時亦不聞有分朋立黨之事而管子云云逆料後世之必有是事耶抑後人僞爲之耶

小匡篇多襲齊語大匡篇則前半全襲左傳而有可發大噱者如云二月魯人告齊曰寡君畏君之威云云五月襄公田於貝邱云云九年公孫無知虐于雍廩雍廩殺無知云云凡其敍事並無年月獨此三處有之而九年者魯莊公之九年也而亦不知刪節可笑如此其後半篇又雜入諸子與左傳本事違異者蓋以齊桓初年頗好戰而嘗爲魯所敗作者欲護管仲因造爲仲諫不聽諸語意謂桓不聽仲故有是敗耳

又曰管仲使徐開封處衛注謂齊賢人也使賢人處諸侯之國令

其歸齊也而他篇復云使公子開方游于衛開封開方音相同必是一人考管子臨卒有曰衛公子開方去其千乘之太子而臣事君然則衛有公子開方來仕於齊齊適有公子開方往仕于衛恐未必有此事也然則使游于衛者實徐開封矣

又曰士三出妻逐於境外女三嫁入於舂穀此仲之禁令也又入國篇曰凡國都皆有掌媒丈夫無妻曰鰥婦人無夫曰寡取鰥寡而合和之予田宅而家室之此亦仲之政令也寡婦不使之全節而爲之合和眞伯國之教然而三出三嫁則亦以爲有罪矣彼謂出妻再嫁爲古人恆事者眞妄語哉

少時讀徐天池渭文長集見其節婦贊有云天欲顯雌之節故喪其雄以爲大奇後見管子霸形篇有曰令其人有喪雌雄注謂失男女之偶然則天池實本此也

問篇大奇錯綜變化曲折明暢而跌蕩生姿漢以後未能有此等文章矣

棠陰比事

吾友金陵朱述之緒曾得鄉先生桂夢協萬榮棠陰比事宋刻本開雕既成以二册寄四明一贈段鏡湖觀察光淸一以贈余係影宋雕本極闊大刋刻亦精工今述之久作古人板亦燬於兵燹矣述之既刻此書又作棠陰比事考證及續棠陰比事各若干卷稿皆在余家屬余爲序癸亥一炬盡爲灰燼述之之子桂模等久不通音問未知尙有副本否若別無抄傳則千秋著作化爲飛埃負此良友深疚於懷二書之外又有昌國典詠曹子建集疏證並是巨帙同遭劫火嗟乎嗟乎此吾所以每一念及而輒轉不寐者也述之未官吾土而以奉檄辦定海善後事來

寓月湖者久之余修鄞志特爲述之立寓賢傳蓋風塵下吏中求博雅好事如吾述之者幾人哉

書品

梁庾肩吾取漢魏以來能書者一百二十八人定以九等作爲書品今其書傳者無幾人即其人姓名亦多不識其中晉元帝齊高帝劉穆之蕭思話諸人今尚有殘楮片字見閣帖中後人百學不能過而書品皆列之下等然則即作字一事亦古今人不相及如此

世所傳書品九品實一百二十二人序謂一百廿八人不知何故又下之上論云此二十一人而實即二十人想今本非全本耶

肩吾作書品評論古今書人世以爲允蓋於此事三折肱矣而梁武帝作書評評肩吾書以爲畏懼收斂少得自充效未精能去

蕭之遠矣然則肩吾書蓋多學古人而自家眞意反少者梁武語板刻當有誤俟再考

寶眞齋法書贊

岳倦翁珂寶眞齋法書贊極用心思自來賞鑒家無此富有亦無此精到也其書久佚乾隆閒整理四庫書從永樂大典中采摭成帙尙得二十八卷亦嘉惠士林之一端也書以歷代帝王爲首終以鄂國傳家帖歷代帝王帖中首唐人摹唐太宗枇杷帖次以宋太祖處分帖其下皆兩宋宸翰時棟謹案宋太祖帖跋尾云百拜祇贊冠於宸章又贊尾云臣得其眞贊以昭之冠於百王然則珂之原書必以其本朝宸翰冠首未必以唐太宗枇杷帖壓卷且前代帝王僅存此帖此帖又係摹本似編次者誤移之揆其舊例當以冠之唐摹雜帖卷中此卷今在第八卷不當置諸

首帙也　保民而王王字去聲而倦翁贊枇杷帖用作平聲贊云觀帝之帖視人如傷蓋不特擒（原作揬）辭冠八代之英結字傳二晉之芳又得所謂公子御說宜君之言而合乎孟軻氏保民而王也　又案原本列前代宸翰必不僅止枇杷一帖所謂冠於宸章冠於百王者必是合歷代言之非專指其本朝也若但指宋朝則藝祖自是趙氏開國焉有不冠首之理而煩稱說耶然則原書以處分帖爲開卷第一自可無疑而前代御書僅存枇杷亦可惜也

宋時諸帝好爲漢體書倦翁跋仁宗漢體淨字云凡點畫象物形而點最難工至和中有書待詔李唐卿撰三百點以進自謂窮盡物象上亦頗佳之乃特爲淸淨二字賜之其六點尤爲奇絕又出三百點外此引六一歸田錄中語也又跋英宗漢體甯字

避改云是書在本朝神逸清麗至昭陵而大全又跋神宗漢體龍字云本朝漢體書肇自熙陵眞仁而下咸祖遺法帝雖罕傳遺蹟而筆意飄動得體之全

今星命家謂男爲左造女爲右造古人則謂之陰陽宋高宗手札云陽丙戌丁酉戊子甲寅令和尚看子細寫來倦翁跋云此蓋宗藩之從北狩者上心所念頻以諮詢

倦翁跋右軍留女帖云予在建康初訪帖於故室檜之孫有某者不肖遊娼肆蕩無一簪幾不能自存初以此求售於所託予以二十萬錢得之某大喜於是帖陸續來矣此蓋其得意事故記之如此然非特倦翁快之即後世聞者亦爲岳氏快之特檜之子孫何必諱其名曰某且稱爲不肖亦過此等正是檜之肖子目爲不肖恐此人不甘受也呵呵書法贊跋中有云予在建康訪媚塢遺物此書中屢稱媚

塢皆指檜也
轉行擡寫其平擡者古人謂之平起見書法贊

唐相崔遠送廣利大師歸江東詩末二句云想見家山諸弟子盛誇新賜大師名後題中書侍郎平章事崔遠乾甯四年季夏二十九日書倦翁跋墨蹟云廣利師吾不知其何人方其江東之歸想見冥鴻將翔下避世網既遊時賢之門亦欲因決去之機以警在位者而盛誇新賜之名崔獨戀棧不念淪胥反將以腐鼠嚇之卑哉見也又云考之年表是歲六月乙巳始拜中書侍郎而寫詩之月適同斯時汲汲持鳳池之名以衒鬻於緇徒之前益可羞矣云云余謂凡物皆以人重此卷出自乾甯宰相遂併其題名結銜而亦誚之其實古人常事而謂之衒鬻可羞不太苛耶且所謂廣利大師者焉知非勢利僧人而贊歎之至於

如此雀遠本不足道彼緇徒者苟有高見豈宜當將及淪胥之時出山而遨嬉哉而當其來朝竟蒙大君賜號之寵及乎歸山又得時相贈詩之榮冥鴻高蹈恐不若是遠詩落句與其題名焉知非廣利意又且得詩以後必大歡喜歸以誇耀儕輩什襲珍藏以故久而流傳益久而得入之祕府也吾此言固非刻論若果如倦翁言視爲腐鼠則且一笑而毀裂之矣遠詩云云以重君賜也而嚇之也

尤射

魏繆襲作尤射凡二十章多古文奇字其意似戒王圮厥德縱射觀遊無度十字其書序原文而作書中多闕文亦不知注者何人注亦多闕本脫佚耶殆故爲此狡獪耶其贈玉章云匪艾疇乂厥中罔中惟乃中厥行罔行惟乃行厥言罔言惟乃言意欲仿尚書

而沓冘無味又曰若苗方萌弗耕弗耘弗有旋注云旋成熟也
蓋竊用方言秦晉凡物樹稼早成熟謂之旋也又曰若雞方卵
弗伏弗遺（玉篇遺轉也或取此義或即是育字）弗有晨按晨者謂雞出而能司晨
也下字已怪且伏卵中能必其皆雄物也牝雞而司晨不如弗
伏弗遺之爲愈矣大抵全無意義擇眼生字入之尋常文字中
正所謂艱深文淺易者也
又志服篇有詩六章其一曰雞鳴歐歐明燈晢晢靡彼華衾三載
在是薄言眠之爛矣初製注云賦也三載而若初製示不寢也
如此等語吾不知其自視於三百篇居何等也其五曰汙卬手
于彼淸流意不過謂濯手於水耳而其詞反若手爲水所汙者
又曰丹魚羣遊衎衎其體魚以體稱亦爲罕見其卒章曰楊柳
方方倉庚囀止願乘行雲言覯君子以柳而言方方與詩中依

依二字體物之狀工拙豈有等耶乘雲而覩君子此君子在雲霧中耶

張華禽經

古傳師曠禽經乃復有張華禽經體物頗有工夫不解何以必託諸古人也王楙引鮑夷白語謂古人引禽經而今本無之者數十條因爲條列之不知即爾雅疏崇有論諸書所引者豈眞三代物耶

相鶴經

相鶴經相傳爲浮邱公授王子晉崔文子學道於王子晉因得其文以藏嵩山少室中後淮南采藥得之遂傳於世又有跋語云熙甯十年正月一日王安石修不學之人動筆可憐可笑如此

相牛經

甯戚飯牛車下世遂傳甯戚相牛經其荒誕不足詰也然其文僅二百餘言而奇古有氣息較之浮邱公相鶴經朱仲相貝經張華禽經又有上下牀之別矣

煙嶼樓讀書志卷第十四

蘧學齋

煙嶼樓讀書志卷第十五

鄞　徐時棟　同叔

子下

鶡冠子

鶡冠幽博諸子莫及卽極淺顯語出乎其口亦復自然峭折新采如曰德音者所謂聲也未聞音出而響過其聲者也曰不死不生不斷不成（以上博選）曰道與德館（言道德同宅）曰文禮之野與禽獸同則言語之暴與蠻夷同謂曰體雖安之而弗敢處然後禮生心雖欲之而弗敢信然後義生（注信猶任也）夫義節欲而治禮反情而辨者也故君子勿徑情而行也曰賢者之於亂世也絕豫而無由通異類而無以告苦乎哉賢人之潛亂世也上有隨君下無

直辭君有矯行民多諱言故人乖其誠能士隱其實情心雖不說弗敢不譽事業雖弗善不敢不力趨舍雖不合不敢弗從故觀賢人之於亂世也其慎勿以爲定情也以上著希曰隨而不見其後迎而不見其首成功遂事莫知其狀圖弗能載名弗能舉強爲之說曰芴乎芒乎中有象乎芒乎芴乎中有物乎窅乎冥乎中有精乎按此言鬼神情狀夜行曰天之不違以不離一天若離一反還爲物不創不作與天地合德節璽相信如月應日曰裁衣而知擇其工裁國而知索其人曰捐物任勢者天也捐物任勢故莫能宰而不天曰舉善不以窅窅拾過不以冥冥曰一葉蔽目不見太山兩豆塞耳不聞雷霆曰田不因地形不能成穀爲化不因民不能成俗以上天則曰美惡相飾命曰復周物極則反命曰環流環流曰君者天也天不開門戶使下相害也曰第不失次理不

相舛曰凡可無學而能者唯息與食也以上道端曰天高而難知有福不可請有禍不可避曰擇人而用之者王用人而擇之者亡曰北走之曰注軍敗曰北后知命亡以上近迭曰虛名相高精白爲黑曰驅馳索禍開門逃福賢良爲笑愚者爲國曰臣弗用主不能使臣必死主弗能止曰神備於心道備於形人以成則士以爲繩曰遠之近顯乎隱大乎小衆乎少莫不從微始故得之所成不可勝形失之所敗不可勝名以上度萬曰日誠出誠入南北有極月信死信生終則有始曰四時當名代而不干曰前後左右古今自如曰亡人姦物無所穿竄曰運天而維張地廣而德章天下安樂設年予昌曰增規不圓益矩不方曰古者亦我而使之久衆者亦我而使之衆耳何比異哉彼類善則萬世不妄道惡則禍及其身尙奚怪焉龐子問古今之道同耶故答之如此曰有人之名同人之情

曰在一不少在萬不衆以上王鈇曰日信出信入南北有極月信死信生進退有常曰夫物之始也傾傾注未正之貌或作鴻鴻至其有也錄錄注未能拔於常流之中故曰錄錄至其成形端端王王注端端傾傾之反王王錄錄之反勿損勿益幼少隨足以從師俗毋易天生毋散天樸自若則淸動之則濁曰精神相薄乃傷百族曰先定其利待物自至素次以法物至輒合法者天地之正器也用法不正玄德不成曰左右前後靜侍中央開原流洋曰順愛之政殊類相通逆愛之政同類相亡以上泰鴻曰天地成於元氣萬物乘於天地神聖乘於道德以究其理曰神聖之人后先天地而尊者也後天地生然知天地之始先天地亡然知天地之終曰無規圓者天之文也無矩方者地之理也天循文以動地循理以作者也二端者神之法也曰彼指神聖天地動作於胸中然後事成於外萬物出入焉然

後生物無害曰影則隨形響則應聲故形聲者天地之師也曰
天者氣之所總出也地者理之必然也故聖人者出之於天收
之於地（以上泰錄）曰道有度數故神明可交也物有相勝故水火可
用也東西南北故形名可信也曰得失不兩張成敗不兩立所
謂賢不肖者古今一也曰伊尹酒保太公屠牛管子作革百里
奚官奴海內荒亂立爲世師曰日月不息迺成四時曰寒心孤
立懸命將軍野戰則國弊民罷城守則食人灼骸曰夫死人之
事者不能續人之壽曰得道者務無大失凡人者務有小善曰
一先一後音律相奏一右一左道無不可曰變化無窮何可勝
言水激則旱矢激則遠精神回薄振蕩相轉曰合散消息孰識
其時至人遺物獨與道俱縱驅委命與時往來盛衰死生孰識
其期儼然至湛孰知其尤曰渾沌錯紛其狀若一交解形狀孰

知其則芴芒無根惟聖人而後決其意斡流遷徙固無休息終則有始孰知其極一目之羅不可以得雀籠中之鳥空窺不出曰憂喜聚門吉凶同域失反爲得成反爲敗曰達人大觀乃見其可㮼枋一術奚足以游注謂天下事百出當以百變應之今㮼枋一術豈足變通哉往古來今事孰無郵注事之過者爲郵以上世兵曰伯夷叔齊能無盜而不能使人不意己申徒狄注殷之末世枯槁者也以爲世溷濁不可居故負石自投於河不知水中之亂有逾甚者曰夫處危以妄忘譌安循哀以損樂是故國有無服之喪無軍之兵可以先見也曰昔之登高者下人代之㥘注㥘怖也手足爲之汗出而上人乃始搏折枝而趨操木曰是故天下寒心而人主孤立今世之處側者皆亂臣也其智足以使主不達其言足以滑政其朋黨足以相甯於利害曰時有所至而求時有所至而辭命有所至而闔命有所至而

闕賢不必得時也不肖不必失命也是故賢者守時而不肖者守命曰費仲惡來得辛紂之利而不知武王之伐之也比干子胥好忠諫而不知其主之煞之也費仲惡來者可謂知心矣而不知事比干子胥者可謂知事矣而不知心聖人者必兩備而後能究一世以上備知曰天不能以早爲晚地不能以高爲下人不能以男爲女賞不能勸不勝任罰不能必不可曰道乎道乎與神明相保乎以上兵政曰龐子問曰聖人學問服師也注服事也亦有終始乎抑其拾誦記辭闔棺而止乎曰表術裏原雖淺不窮中虛外博雖博必虛曰不提生於弗器賤生於無所用中河失船一壺千金注壺瓠也佩之可以濟涉南人謂之腰舟貴賤無常時使物然以上學問曰伊尹醫殷太公醫周武王百里醫秦申麃醫郢原季醫晉范蠡醫越管仲醫齊曰不病病治之無名使之無形曰良醫化之拙醫敗

之雖幸不死創伸股維注牽攣也以上世賢曰挈天地而能遊者謂之還名而不還於名之人明照光照不能照己之明是也曰連萬物領天地合膊同根命曰宇宙知宇故無不容也知宙故無不足也曰昔行不知所如往而求者則必惑索所不知求之象者則必弗得故人者莫不蔽於其所不見鬲於其所不聞塞於其所不開絀於其所不能制於其所不勝世俗之衆籠乎此五也而不通此未見而有形曰蚊寅墜乎千仞之谿乃始翺翔而成其容牛馬墜焉碎而無形由是觀之則大者不便重者創深曰一蚋嚌膚不寐至旦半糠入目四方弗治曰病視而目弗見疾聽而耳弗聞曰道者必有應而後至事者必有德而後成曰備必豫具慮必蚤定曰理之所居謂之地神之所形謂之天曰蔽象鬲塞之人未敗而崩未死而禽曰耳者可以聽調聲而不能

爲調聲目者可以視異形而不能爲異形口者可以道神明而不能爲神明曰先王之服師術者呼往發蒙釋約解刺達昏開明曰凡事者生於慮成於務失於驚以上天權曰觀乎孰莫注猶無何也聽乎無罔極乎無係論乎窈冥湛不亂紛故能絕塵埃而立乎太清往無與俱來無與偕希備寡屬孤而不件曰其得道以立者地能立之其得道以仆者地弗能立也其得道以安者地能安之其得道以危者地弗能安也其得道以生者天能生之其得道以死者天弗能生也其得道以存者天能存之其得道以亡者天弗能存也曰一者德之賢也聖者賢之愛也道者聖之所吏也至之所得也以至圖弗能載名弗能舉口不可以致其意貌不可以立其狀若道之象門戶是也賢不肖愚知由焉出入而弗異也道者開物者也非齊物者也故聖道也道非聖也

道者通物者也聖者序物者也是以有先王之道而無道之先王故聖人者後天地而生而知天地之始先天地而亡而知天地之終力不若天地而知天地之任氣不若陰陽而能爲之經不若萬物多而能爲之正不若衆美麗而能舉善指過焉不若道德富而能爲之崇不若神明照而能爲之主不若鬼神潛而能著其靈不若金石固而能燒其勁不若方圓治而能陳其形昔之得道以立至今不遷者四時太山是也其得道以危至今不可安者苓巒堙谿槖木降風是也其得道以生至今不亡者日月星辰是也其得道以亡至今不可存者苓葉遇霜朝露遭日是也故聖人者取之於埶而弗索於察埶者其專而在己者也察者其散而之物者也物乎物乎芬芬份份孰不從一出以上能天

曰飛語流傳曰昭然獨思忻然獨喜曰耳聞金鼓之聲而希

功目見旌旗之色而希陳手握兵刃之枋而希戰出進合鬬而
希勝是襄主之所破亡也曰得要者其言不衆以上武靈王以上所
錄皆新警可喜
王鈇篇家里用提扁長用旬鄉師用節縣嗇夫用月郡大夫用氣
分所至柱國用六律里五日報扁扁十日報鄉鄉十五日報縣
縣三十日報郡郡四十五日報柱國柱國六十日以聞天子然
則五日爲提十日爲旬十五日爲節三十日爲月四十五日爲
氣分所至六十日爲六律惟旬與月婦孺皆知節及氣分則知
之而無用其語者至五日爲一提雖博雅亦茫然矣　以四十
五日分屬氣分甚確立春而春分而立夏而夏至而立秋而秋
分而立冬而冬至其間相去總不遠四十五日也雨水驚蟄之
屬謂之節矣陸農師佃注氣分所至但舉二分二至未可眩也

王鈇篇說成鳩氏天曲日術之道而所稱官制如嗇夫郡大夫柱國令尹並是楚制亦齊人知管晏之類也陸農師曰此法起於周之末造而曰成鳩用之是今日適越而昔至也良然良然

昔人謂注史當取雜史增補未備注之當說義理小注中亦自成一子乃爲佳注陸農師注鶡冠子往往近之又采用他子語以證本書因不明稱徵引使讀者疑是已造而不知多有本也

鶡冠一書義有純駁而語特奇叛宜詞必己出之昌黎酷好之也

鶡冠子錯譌良多其詞奧折非後人所能強解者昌黎所正脫繆之本惜不得而見之若明人言今本即退之正本則妄語叵信

明朱養和本鶡冠子眉端列諸名家評語余謂古書用評已墮時文家習氣淺深同異各隨讀者見解何用評也今其所列如楊雄班固左思鮑照陶潛韓愈柳宗元鮑彪司馬光三蘇父子林

希逸眞德秀方孝儒于謙楊繼盛薛瑄王世貞李攀龍李夢陽王鏊唐順之陳仁錫何孟春邱濬徐渭歸有光焦竑湯賓尹王守仁孫鑛茅坤張居正柯維騏鄒守益黃道周凡漢晉以來有名人物幾乎無一不有其於吾鄉人則有宋之黃震明之沈一貫余有丁屠隆周元曾諸人就中如唐荊川陳明卿孫月峯茅鹿門諸君好評古書其語或有所本至如漢晉唐宋諸公評語多不過十餘字少至一二字請問從何處得來又況其言俱極似明人批點時文中語其庸妄殊不勝詰吾不知其何苦而爲此以欺人而自欺也吾故曰刻古書之妄無過明人者

呂氏春秋

呂覽以十二紀冠本書故亦僭稱春秋每一月下閒以雜論四篇若無倫緒然孟春紀下首以本生篇以春之義生故說養生之

道孟夏紀下首以勸學以夏之義長成人長則當學故論爲學之要孟秋紀下首以用兵以秋之義肅殺故說兵戰之事孟冬紀下首以節喪以冬之義閉藏故講喪葬之法餘篇則或相連貫或不相銜接而其首篇故有意也

玉海云呂氏春秋百六十篇盧抱經云序意舊不入數則今本尚少一篇此書分篇極整齊十二紀紀各五篇六論論各六篇八覽覽當各八篇今第一覽止七篇正少一篇序意本明十二紀之義乃其末忽載豫讓之事與序意不類因疑序意後半篇俄空焉別有所謂廉孝者舊校云序意一作廉孝其前半亦簡脫後人强相附合之耳按盧說極確當考序意篇上明十二紀之義下忽記青荓之事漫無倫類與全書體例迥乎不同故曰盧說至當不可易也

秦謂民爲黔首故呂覽一書多用黔首而民字百姓字又常常見之且又連用民字黔首字者如云與民相離黔首無所告愬又曰士民黔首又曰則民知所庇矣黔首知不死矣

呂覽多易楚爲荆高誘注避莊襄王諱也然書中亦有楚字如知士篇吾豈可以先王之廟與楚乎應同篇師之所處必生棘楚按此語本老子老子作荆棘此偏改楚何也義賞篇楚勝乎諸夏察微篇楚之邊邑下又四稱楚慎勢篇楚三圍宋矣又云以宋攻楚

本生篇天全則神和矣目明矣耳聰矣鼻臭矣口敏矣三百六十節皆通利矣是以臭字作香字解也今則以口汙垢爲口臭又遇合篇人有大臭者

蘇明允論管仲謂其不薦賢者然呂覽貴公篇明言管仲病桓公

往問之而求相仲力薦隰朋而謂鮑叔牙清廉潔直聞人之過終身不忘爲不可相其語甚詳明允豈未之見耶

古樂篇去殷三淫高注謂三淫剖比干之心斷材士之股剖孕婦之胎先識覽殺三不辜高亦注此三事而僞泰誓乃云斮朝涉之脛畢沅曰是本之春秋繁露及水經注者愚按非也呂覽過理篇截涉者脛而視其髓畢校其書而不取爲證何也

不知古書之義而妄解之非獨今人古人亦然墨子明鬼下有推哆大戲皆桀臣名也呂覽簡選篇湯以戊子戰於郕遂禽推移大犧是推移即推哆大犧即大戲也而淮南誤解之於主術訓曰桀之力能推移大犧而高注呂覽遂沿其誤而曰桀多力能推移大犧因以爲號而禽克之然簡選篇下文又曰桀既奔走則亦何嘗禽也不全讀本書不旁考他書而遂據一誤說貿然

下筆何忽也

吾向言淮南子高誘誤解呂覽以桀臣名推移大犧者爲桀之力能推移大犧遂以爲桀之號因取墨子證之而知其不然然古人多有此過昌黎解荀子成相得益皋陶橫革直成爲輔謂此論益皋陶之功橫而不順理者革之直者成之也而不知呂覽有云得陶化益眞窺橫革之交五人佐禹王厚齋曰陶即皋陶化益即伯益也眞窺即直成也倂橫革之交二人皆禹輔佐之名也然則古書固不易解而不博考而動以理斷之者所失必多矣

愛士篇曰趙簡子有兩白騾而甚愛之陽城胥渠處廣門之官夜欵門而謁曰主君之臣胥渠有疾醫教之曰得白騾之肝病則止不得則死謁者入通董安于御於側慍曰譆胥渠也期吾君

騾請即刑焉簡子曰夫殺人以活畜不亦不仁乎殺畜以活人不亦仁乎於是召庖人殺白騾取肝以與陽城胥渠處無幾何趙興兵而攻翟廣門之官左七百人右七百人皆先登而獲甲首高誘注上陽城胥渠處云陽城姓胥渠名處猶病也下句無注畢沅校本曰注以處訓病未見所出賈誼書耳痺篇有渠如處車裂回泉語彼是人名則此亦正相類注下句云御覽四十九無處字梁仲子云處字屬下與上文處一年文義相似本篇上文引秦楚人食穆公駿馬肉事有處一年之文余按兩家注語皆非也文字僅僅數行而陽城胥渠處五字兩見於數行之中豈當有異解者高注上處字爲病則下處字不可解矣故舍而不注畢以處爲人名屬上則下句以與陽城胥渠處詞意甚順不知何故又舍之而從梁履繩之說也是自相矛盾也此但就文體例言之而其訓義

則又並謬高訓處爲病固是瓡見且與下不合而況胥渠有病與廣門之官何與而欸門夜謁盛拂主君之怒乎即使此人篤於友誼爲之代告而他日攻翟之役何爲胥渠不出死力而反在來代告之廣門乎即使此人因代告而感簡子之義則千四百人者又何爲乎又況食騾肝者胥渠而報簡子者廣門之官則與呂氏愛士得報之意相隔與上文所引埜人食馬肉而三百餘人報穆公之意又相隔矣故訓處爲病之說非也上以處字代病字下即云有疾體例亦不一矣畢以處爲人名連上爲文而證之以蕢子之渠如處尤非也偶然一字相同即欲據此律彼則古今命名豈必他人曾名之而後乃可名乎況古今人表載胥渠並無處字也又況上下兩稱胥渠處而中間之胥渠有疾與譆胥渠也又皆無處字例亦不純又況以處爲名則陽城胥渠處五字了而不

了作何解法下突接廣門之官同一人耶別一人耶抑又大不可解矣（依畢說當於廣門之官官字下加一也字文義才順）愚按處居也上云陽城胥渠居廣門之官下云居無幾何趙興兵文義極順暢（上文處一年亦當訓爲居一年也士容論居有閒知士篇留無幾何忠廉篇居有閒報更篇處二年知接篇居三年愼勢篇居無幾何期賢篇居無幾何淫辭篇居無幾何應言篇居三日）高注病字直是居字之譌蓋其人膺任此職千四百人者其官屬耳

高注呂覽有文義甚明不必注者即以知士篇言之如曰今有千里之馬於此非得良工注云良工相馬工也曰朝暮注云旦暮也曰大不善於宣王注云大不爲王所善也曰與劑皃辨俱注云俱偕也曰王之不說嬰也甚注云甚深也曰不能止注云止禁止也曰藏怒注云藏懷也曰愛則有之聽則無有注云徒見愛耳言則不見從也曰嬰兒注云嬰兒幼少之稱曰靜郭君聽

辨而爲之也必無今日之患也此爲一也注云言靜郭君聽辨之言必無今日見逐之患也此一不見聽也曰請以數倍之地易薛辨又曰必聽之注云求以倍地易薛之少辨勸之可也曰雖惡於後王吾獨謂先王可乎注云見惡於後王先王其謂我何（按此注反不如正文之明白）曰此爲二也注云二不見聽曰動於顏色注云動變也曰一至此乎注云一猶乃也曰寡人少殊不知此注云少小故不知此也曰客肯爲寡人少來靜郭君乎注云肯猶可也曰因請相之注云請以爲相也曰辭不得已而受注云受爲相曰可謂能自知人矣注云知人知劑皃辨也曰弗爲阻注云阻止也凡此皆上下文義及本事顯然明白而必一一注之豈漢時學者之不解文義更甚於今之學者乎而又有今之學者所不能悉知者則又舍而不注抑又何也

至忠篇載宋文摯治齊王病必怒之而後病治然怒王王必殺摯而太子固哀之遂怒王王病果愈果殺摯畢云此事姑妄聽之而已愚以爲非妄也名醫治病有必怒之者有必哀之者有必驚恐之者此類恒有然而宋人治齊君病何必殺身以成忠者况罪人小臣使之怒王但求王之一怒亦易事耳何必以名醫殉之而太子王后乃計無復之也呂氏謂之至忠吾謂忠則忠矣而不得其當也

豫讓欲爲智伯殺襄子其友勸其事襄子而後殺之豫讓曰是先知報後知也爲故君賊新君矣國策呂覽並載其語呂覽忠廉篇載要離曰爲故主殺新主不義文義正同而畢沅以爲誤是書不誤而校者反誤也

要離曰夫殺妻子焚之而揚其灰以便事也臣以爲不仁夫爲故

主殺新主臣以爲不義夫捽而浮乎江三入三出特王子慶忌
爲之賜而不殺耳臣已爲辱矣夫不仁不義又且已辱不可以
生此呂覽忠廉篇文也畢沅曰此文謂吳越春秋爲新君而殺
故君之子非義也余謂義各有當文不訛也要離既事慶忌即
新主矣夫非爲故主殺新主乎轉較吳越春秋之說爲義長也
特古今愚忠愚孝必是出於萬不得已而顧此則失彼兩相比
較或此重於彼或死善於生乃始決然爲之然究非中庸君子
猶有譏焉若要離之事直無一可取者旣知殺慶忌爲不義而
揚妻子之灰斷祖宗之祀殺其身助無道之主以爲此不義之
事眞不解何心也戰國刺客之流多不可訓而未有若要離之
更出無名者

妻之女兄弟爲姨故左傳曰吾姨也而呂覽長攻篇則曰吾妻之

姨也誤矣詩曰邢侯之姨不得云邢侯之妻之姨也

趙襄子之姊爲代王夫人長攻篇作弟姊或疑弟字衍文然篇中兩見不應皆衍余疑此弟字當作伯季季字解蓋襄子有數姊此姊其少者故曰弟姊猶父之弟稱叔而少子曰叔子父之兄曰伯而長兄曰伯兄也

愼大覽曰伊尹奔夏三年反報於亳曰桀迷惑於末嬉好彼琬琰不恤其衆衆志不堪上下相疾民心積怨皆曰上天弗恤夏命其卒湯謂伊尹曰若告我曠夏盡如詩高注云詩志也余疑伊尹蓋爲詩以告湯反報之語即詩詞也琰字怨字爲韻恤字卒字爲韻事固叵信而即文論文不妨存之

夏鑄九鼎詳見墨子中而散見羣書左傳曰鑄鼎象物不知所象何物呂覽四載之先識覽曰周鼎著饕餮有首無身食人未咽

害及其身又離謂篇曰周鼎著倕而齕其指先王有以見大巧之不可爲也又適威篇曰周鼎有竊曲狀甚長上下皆曲以見極之敗也舊校云竊一作窮又達鬱篇曰周鼎著鼠令馬履之爲其不陽也按此句是呂氏解詞與前大巧不可爲及極之敗同例然不陽不甚了了高亦不注按諸子說鼎者甚多而未有言其所鑄之物者惟呂氏四載之錄之非特廣異聞抑三代鐘鼎無古於此者以補博古考古諸圖之缺而惜其不全也其不曰夏鼎而曰周鼎者以鼎久爲周有也貴直論引狐援之言曰殷之鼎陳於周之廷亦同一意后開鑄鼎時筮辭有云九鼎既成遷於三國後果由夏入殷入周至秦而入水不能有之矣所謂三國也　愼勢篇曰周鼎著象爲其理之通也此蓋泛言之猶傳云象物非謂鼎中圖犀象之象也不二篇稱十人老耽孔子墨翟關尹列子陳駢陽生孫臏王廖兒

良惟列禦寇稱之爲子列子蓋呂氏門客中有列子之門人弟子也觀世篇記子陽遺粟事五稱子列子

不屈篇曰人有新娶婦者婦至宜安矜煙視媚行高注曰媚行徐行而煙視無注愚謂烟視者蓋目遇烟則不能大開言新爲婦者宜下其目微視似遇烟氣時也

高注呂覽多誤畢氏校之未盡如用民篇曰古昔多由布衣定一世者矣按上言神農文王湯武下言三代是一世者天下也而注曰終一人之身爲世何也又曰宋人有取道者其馬不進倒而投之鸂水又復取道其馬不進又倒而投之鸂水如此者三雖造父之所以威馬不過此矣不得造父之道而徒得其威無益於御按文義三投卽是一馬故曰威馬不過此矣是倒者謂倒挈而投之也與孟子倒懸之倒同義而注訓倒爲殺何也

適威篇曰若璽之於塗也抑之以方則方抑之以圜則圜高氏無注愚按今曰印泥塗猶泥也今以艾和油似泥塗然故謂之印泥稱名必有所本亦有相沿然則此塗字即今印泥無疑矣若謂是地上之泥塗則璽何爲抑之於地乎下云若五種之於地也必應其類而蕃息於百倍五穀種於地故云五種之於地觀此則上句璽之於塗塗必是印璽之物矣高無注者蓋漢時猶沿舊稱不必注也畢無解者不知其義不能解也

愛類篇曰匡章謂惠子曰公之學去尊今又王齊王何其到也注去尊棄尊位也今王事齊王居其尊位謂惠子言行何其到逆相違背也畢校云古倒字皆作到愚按正文注語皆不可解蓋尊字是爭字之譌惠子常言去兵至此復言能使齊王王天下匡章以爲去兵則不能與天下爭矣何以王天下故謂惠子曰

子之學去爭也今又曰王齊王何其說之倒逆也上王字去聲惠子曰今有人於此必欲擊其愛子之頭石可以代之匡章曰公取之代乎其不與施惠子名取代之子頭所重也石所輕也擊其所輕以免其所重豈不可哉匡章曰齊王之所以用兵而不休攻擊人而不止者其故何也惠子曰大者可以王其次可以伯也今可以王齊王而壽黔首之命免民之死是以石代愛子頭也何爲不爲按下文明白如此吾說確不可易也而兩匡章曰及末處惠子曰必是衍文玩文義自爲問答一氣連貫何得分作兩人語必是後人妄加之者而畢氏未之能校甚矣校書之難也

明嘉靖七年許宗魯本呂氏春秋有鏡湖遺老跋語出宋賀方回鑄之筆中云此本傳之於東牟王氏今四明使君元豐初奉詔

修書於資善堂取太清樓所藏本校定元祐壬申余臥病京師
喜得此書所謂四明使君不知何人不知何故如是其隱約也

淮南子

今五行術數稱六合始見時則訓訓曰六合孟春與孟秋爲合仲
春與仲秋爲合季春與季秋爲合孟夏與孟冬爲合仲夏與仲
冬爲合季夏與季冬爲合下云正月失政七月涼風不至二月
失政八月雷不藏三月失政九月不下霜四月失政十月不凍
五月失政十一月蟄蟲冬出其鄉六月失政十二月草木不脫
七月失政正月大寒不解八月失政二月雷不發九月失政三
月春風不濟注止也十月失政四月草木不實十一月失政五月
下雹霜十二月失政六月五穀疾狂按此即申明六合之故言
時令與王政關合如此今則謂寅與申沖卯與酉沖辰與戌沖

巳與亥沖午與子沖未與丑沖沖者合之反也是今之六合與古之六合南轅北轍矣且今所謂沖者蓋取五行相尅之意然寅木也申金也金尅木宜沖巳火也亥水也水尅火宜沖而辰戌丑未無一非土不知何故亦沖之也既以六合爲六沖乃復別有所謂六合者如子與丑合寅與亥合卯與戌合辰與酉合巳與申合午與未合余並不曉其義吾友馮午卿焜何韻仙琳宋蓮叔紹棻諸君皆言之津津而用之推星命占卜筮奉以爲宗無敢稍異亦時有驗自漢至今承用如此雖聖人復生不復能廢其說也

覽冥訓援戈撝日日反三舍揮日影乎日不知也撝天上乎戈不及也既反之後將疾馳倍道及此三舍而後止乎抑自韓楚搆難以後卒遲三舍而不能復其常行之次宿乎理所必無而事

傳至今其何因而漫爲此妄乎信知乎此而屈子之天問不作可矣

覽冥訓曰故召遠者使無爲焉親近者使無事焉惟夜行者爲能有之高誘注曰遠者四夷也欲致化四夷者當以無爲無爲則夷荒自至也近者諸夏也欲親近者當以無事無事則近人自親附之夜行喻陰行也陰行神化故能有天下也又載一說云言入道者如夜行幽冥之中爲能有召遠親近之道也蓋高氏亦不深達夜行之語故存兩說愚按夜行二字甚奇而於上文義不通貫所注別說固是妄語即高自注亦復難通蓋夜行者古論道書名也鶡冠子有夜行篇蓋闡發是書之義即以名篇篇末曰故聖人貴夜行又其武靈王篇曰昔夏廣而湯狹殷大而周小越弱而吳强此所謂不戰而勝善之善者也此陰經之

法夜行之道天武之類也其云不戰而勝與淮南子說無爲無事絕相類而同稱夜行其稱夜行與陰經連類並舉是夜行之爲古論道書無疑也陸佃注鶡冠云陰經黃帝之書也夜行無注亦不知夜行爲古書名耳愚但讀鶡冠子亦未敢定其爲書名至讀淮南子始決

主術訓稱孔子勇力謂勇服於孟賁足躡郊菟力招城關愚按此說恐是因聖父之事而附會之者列子云孔子勁能招國門之關而不肯以力聞呂覽亦曰孔子之勁舉國門之關而不肯以力聞是皆淮南之所本者然此事非實蓋因聖父之事而誤傳者乃墨翟即以此事誣孔子謂季孫爭門關孔子決植而縱之以爲是舍公家而奉季孫正猶誣孔子之荆與於白公之亂而不知白公作亂之時孔子卒已十旬也語詳孔叢詰墨中

說山訓曰小馬大目不可謂大馬大馬之目眇可謂之眇馬物固有似然而似不然者按此等語似乎奇快實則堅白之餘流耳目無見可謂瞽人目有見可謂明人耶耳無聞可謂聾人耳能聞可謂聰人耶王安石眼多白不能謂之白人阮籍好作青白眼不能謂之青白人

金樓子

興王篇紀古帝王好言生產狀貌祥瑞怪異大約本之緯書無足怪者其云堯字放勳一名同成啇均一名章鴿夏啟一名建一名余成湯名履字天乙凡有七號一云姓生二云履長三云痔肚四云天成五云天乙六云地甲七云成湯又謂有扈氏爲啟之庶兄又謂許耳之子名曰由字道開一字仲武仲武黃白色長八尺九寸兄弟七人十九而隱堯欲禪之由乃洗耳如此等

語亦太奇矣按聚書篇云吾年四十六歲自聚書來四十年得書八萬卷自序篇云比以來三十餘載泛玩衆書萬餘矣然則其所涉獵不爲不博而此時典籍今存無幾宜所言之多異聞也特帝王著書立說首紀古聖不務載其政治德教之大而瑣瑣異聞以自炫博此其所以爲梁元也夫

吾嘗謂僞書式商容之閭式字之妄凡周秦漢人著書無不云表閭者與王篇亦云釋百姓之囚表商容之閭是時僞書雖出蓋未盛行

夷齊讓國事之妄吾已論之矣而百家多好言夷齊軼事蓋二人事不概見而爲孔子所稱道故皆樂言其人惟其事不少概見故可恣意妄言之也與王篇中敘周文武事既畢忽及二人云時夷雍之子名伯夷叔齊不食周粟餓於首陽依麋鹿以爲羣

叔齊起害鹿鹿死伯夷恚之而死則是伯夷死於叔齊之手怪誕至此不知其出何書也

興王篇終紀梁武事蹟而斷之曰虞舜夏禹周文梁帝萬載之中四人而已雖吾父吾聖立言之體如此而儗不於倫徒使後人齒冷至后妃篇紀其母宣修容事二千餘言全類碑志而中紀其始入齊宮繼爲始安王遙光所聘敘齊宮中事及爲始安掌內政事言之頗詳後乃選爲梁宋女進位修容歷歷言之毫不隱諱又無乃太質乎

顏氏家訓

顏氏家訓譏老莊爲任縱之徒而北齊書之推本傳亦譏其多任縱不修邊幅

正字通云六朝人始作隱囊柔軟可倚余按此即今之靠枕也按

勉學篇云梁時貴遊子弟坐碁子方褥憑班絲隱囊然則今炕牀上（正字通云北地煗牀曰炕）陳設坐褥靠枕齊梁已有之後世所作事古者何一蔑有耶

文章篇沈隱侯曰文章當從三易易見事一也易識字二也易誦讀三也吾生平最服此語以爲此自是文家正法眼藏故每作文偶以比事須用僻典亦必使之明白暢曉令讀者雖不知本事亦可意會至於難字拗句則一切禁絕之世之專以怪澀自矜奧博者眞不知其何心也

白虎通

辟雍篇云父所以不自教子何爲渫瀆也又授之道當極說陰陽夫婦變化之事不可父子相教也按此語頗奇食色本是天性豈復待教而能且古者易子而教父不可以是教子豈爲師者

固將以此事喋喋教之耶

潛邱劄記

潛邱劄記有二本一爲山陽吳玉搢所編一爲其孫學林所編學林所編極叢雜無體例一卷二卷皆錄其平日摘記之語三卷爲釋地論四卷上爲雜文下爲喪服翼注及補正日知錄五卷爲書牘六卷爲詩賦末復附潛邱子詠左汾近稿近稿中有詩話有書有詩有雜記餖飣如此可笑也所錄平日摘記之語皆多漫無斷制發揮者往往爲當日百詩摘出備用之語爲日既久雖百詩亦將茫不知摘此何爲者而子孫乃刻以問世可謂不愛其先人之至矣即如一卷中一條引李鄴嗣云前輩言著作之富前無如葛稚川後無如先生云云所謂先生者何人耶按杲堂所謂先生者王厚齋也此甬上耆舊集厚齋傳後語百

詩摘錄之蓋其箋注厚齋困學紀聞時備用語也而刻以爲箚記可乎

螺江日記

張風林文藴本毛西河弟子爲螺江日記論說頗有淵源亦時有見到處余尤愛其辨夷齊讓國解論語夫子爲衛君章極有卓識蓋自余得解以後每經說雜記文集之論夷齊及衛輒事者無不尋覽未有同鄙見者今張說雖未盡善而已爲漆室之燈矣實較近時札記家尋章摘句論難於小小名物訓詁閒者相去遠甚矣

聖賢羣輔錄

羣輔錄世謂其僞書中一條云唐林字子高唐尊字伯高並沛人以潔履著名於成哀之世號二唐比楚二龔後皆仕王莽夫以

潔履之人而並甘心爲莽大夫此宜淵明之所唾棄不顧者而
錄之耶

錦繡萬花谷

錦繡萬花谷編次體例頗不甚善其前集卷末載衢人襄贇元西
征記一長篇標目一記字尤爲無謂記凡三千六百言而全載
之且僅止此一篇余疑著書人無名氏或即是作記之人故以
生平遊歷之記載之卷末以當自敘耳識以俟考
退之作革華傳萬花谷引之云謂皮鞋也封下邳侯余謂卽是韡
耳拆其兩旁字名之正猶後人拆名以爲字如源曰原水栗曰
西木之類此傳或云僞作

閱微草堂筆記

閱微草堂五種筆記輕薄宋儒殊覺已甚

讀書日博著作日益精閲歷日衆事理日益明然而冉冉老至筋力就衰其精明將無所用之每思老子天地不仁以萬物爲芻狗之語爲之浩歎灤陽銷夏錄記明季術士張鴛湖言道家有借形法凡修煉未成氣血已衰不能還丹者則借一壯盛之軀乘其睡與之互易鴛湖嘗怒居停主人之妻虐其妾太甚竟以此法互易妻妾之身因歎若得此法讀書閲歷數十年易一壯盛之軀更讀書閲歷數十年復易一壯盛之軀如是四五易而後使之著作則成書無可指摘矣使之判事理則治國家如反掌矣顧天下豈有此理古今豈有此人菽粟如水火徒存懸想而已

銷夏錄記某公在明爲諫官遇乩仙問壽數仙判某年月日當死至期無恙入本朝官至九列適同僚家又遇前仙某問前語何

不驗仙判云君不死我奈何蓋所判正甲申三月十九日也余記新齊諧亦載此事謂是關帝判某都堂語雖傳聞異辭而其事必當有之或謂某之不能死鬼神豈不知者而故戲之何也余曰不然鬼神常樂與人爲善明知其不孝未有見之而不教孝者明知其不忠未有遇之而不語忠者某之不能死國鬼神固逆知之然早示死期或某當其期猛省死日早定遂不惜殉死報國是亦乩語有以玉成之也而無如其卒不悟也吁

列子

仲尼篇子夏問孔子曰子張之爲人奚若子曰師之莊賢於邱也張湛注猶矜莊又曰師能莊而不能同注莊而不能同有違和光之義吾謂此章稱顏子仁子貢辯子路勇皆本論語諸書獨稱論子張者似罕見不知亦竊論語曾子之言也曾子曰堂堂乎張也是即所謂莊也

曰難與並爲仁矣是即所謂不能同也

吾鄉方言凡有疾無不云生病者按此二字亦有本楊朱篇心痟體煩内熱生病宋玉風賦曰中心慘怛生病造熱實用禦寇語

莊子

齊物論昔者莊周夢爲蝴蝶自敘而曰昔者不可解矣余謂此昔字訓夜一昔訓一夜見左傳此云昔者猶云夜來也與他處昔者不同　古人以夜爲昔者甚多不獨左傳即莊子中固多有之晏子雜下梟昔鳴者其聲無不爲也又今昔聞梟聲乎呂覽上德曰麗姬謂太子曰往昔君夢見姜氏又博志曰今昔臣夢受之穀梁莊七年卯昔列子周穆王昔昔夢爲國君皆訓昔爲夜之證

藥中桂枝其用久矣人間世桂可食故伐之蓋指此禮記曰草木之滋薑桂之

謂也呂覽伊尹曰和之美者陽樸之薑招搖之桂

今女子穿耳男子則否凡穿耳者將以繫耳飾也古男子亦穿之德充符曰爲天子之諸御不爪翦不穿耳取妻者止於外不得復使是則不爲諸御者皆穿耳可知矣蓋古者男子亦有耳飾如詩云充耳琇瑩之類若不穿耳則不能繫耳飾也然古來從無言及此者世所傳三代以來圖象亦從未有繪耳飾者余讀莊子合諸詩詞姑識之以俟博雅者討求焉　或曰諸御是嬪御則穿耳仍屬女子言矣然下句明言取妻者止於外不得復使崔解云不復入直也爲天子之諸御至不得復使一氣聯貫豈有嬪御而取妻者乎

天運曰雲者爲雨乎雨者爲雲乎孰隆施是孰居無事淫樂而勸是語已詭譎加淫樂字更奇幻

至游子

至游子二卷不著撰人四庫附存目云前有嘉靖丙寅姚汝循序謂原書不著名氏考宋曾慥號至游子慥嘗作集仙傳蓋好爲道家言者然玉芝篇首引朝元子注曰陳舉寶元人則明人所撰矣云云今按姚序並無曾慥號至游子諸語是或他人考證之說偶然誤記爲姚序中語耳惟據玉芝篇注定爲明人則頗可怪玉芝篇朝元子下注云陳舉寶元中人寶元爲宋仁宗年號下距高宗紹興六年作類說之曾慥已九十餘年然則慥作至游子何爲不能引陳舉語耶而存目云云者蓋忘卻注中有一中字遂誤以陳舉連寶字以陳舉寶三字爲其人姓名而以元人二字爲記時代既引元人之說則作者爲明人無疑此非錯誤之可怪者乎

煙嶼樓讀書志卷第十五

著雍涒灘之歲孟秋
月鄞徐氏蘧學齋印

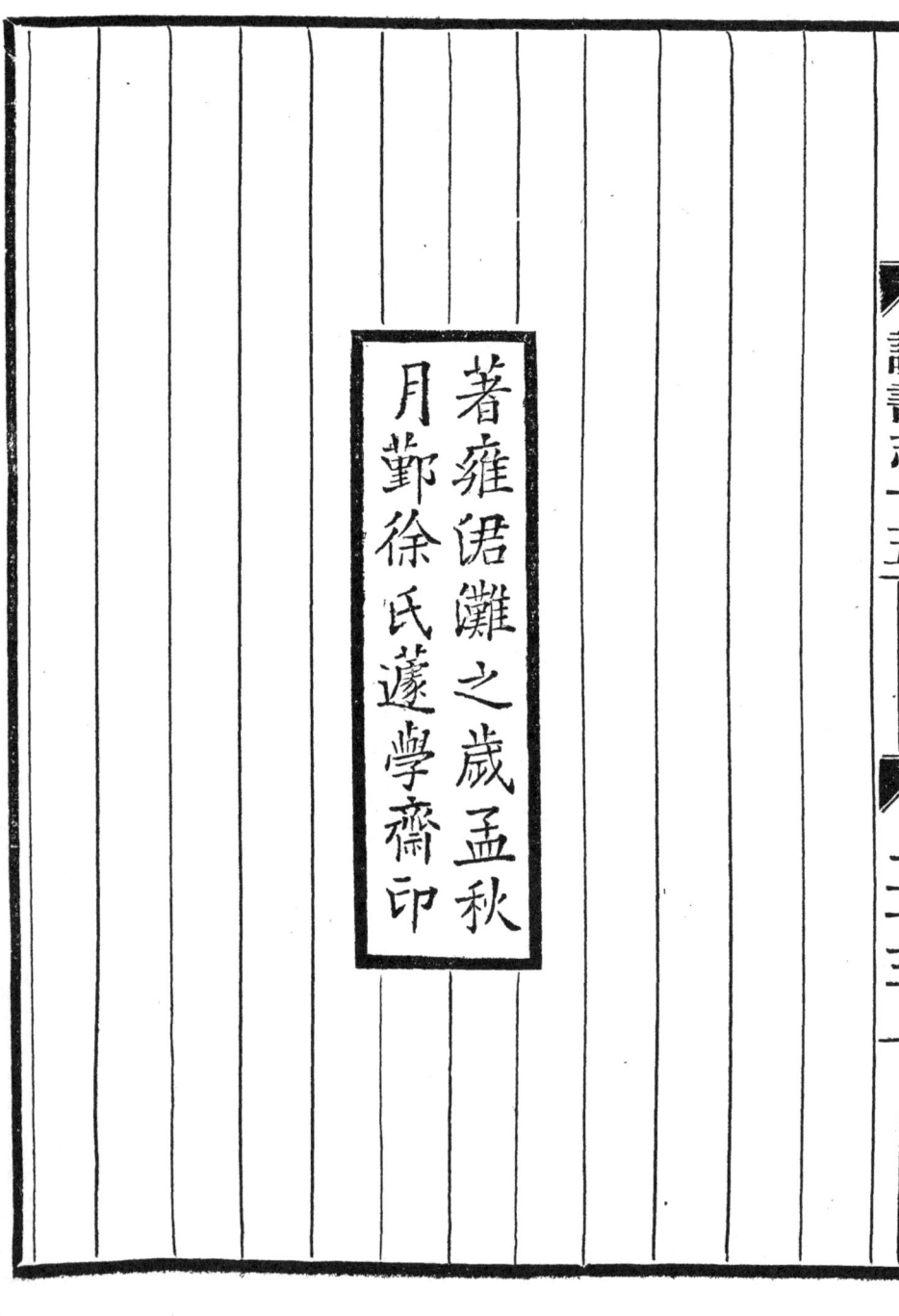

煙嶼樓讀書志卷第十六

鄞 徐時棟 同叔

集

李太白集

大獵賦云俄而君王茫然改容愀然有失於居安思危防險成逸王琢崖注云繆本少居字而引左傳書曰居安思危以證之余謂無居字者是也太白乃用逸周書程典解於安思危文耳非用左傳且文法亦以無居字爲妥

謝朓樓餞別詩抽刀斷水水復流奇語也出楞嚴經經曰如風吹光如刀斷水了不相觸

書情贈蔡舍人雄詩云投汨笑古人臨濠得天和屈子以忠憤自

沈當諒其苦心而倘笑之則宋石之溺得毋自笑乎

小畜集

王黃州小畜外集有代擬二卷中如補李揆諫改葬楊妃疏擬長孫無忌等讓代襲刺史表頗有識見至其首列代伯益上夏后啟書直類游戲文字抄撮書傳滿紙陳腐之言而前半篇云帝堯不授於子而授於大舜大舜不傳於家而傳於先帝蓋恐失道而民去矣是知親一子則不能子兆人成一家則不能家六合聖人之用心也如是先帝得之雖勤吾君繼之勿忘其勤臣恐失大寶而毀神器也云云是直因謳歌訟獄之歸啟滿腔怨憤作此謗書矣

傳家集

溫公進五規疏遠謀篇中引鴟鴞之詩而申之曰夫桑土者鴟鴞

所以固其室也賢雋者明主所以固其國也按詩託鳥言實以鴟鴞比武庚非以鴟鴞自喻也不知溫公何以解之如此

溫公雖嘗疑孟而於孟子甚深觀奏議可見

北宋多大臣大儒其無閒然者溫公一人而已生平言行皆足以爲法惟服膺太玄復擬太玄作潛虛竊謂是公好學之蔽　宋儒司馬文正公之擬玄明儒王文成公之講學皆可謂多此一事者也

新法既行論列之者多矣莫簡於程子莫詳於溫公程子不過二百餘言溫公則幾四千言緣當時在朝溫公親而程子疏遂覺進諫之際有可以盡言不可盡言之別兩賢易地則皆然也

溫公論新法實痛哭流涕之談而絕無叫囂怒罵之語其指陳禍害言無不盡然所以非荆公者不過曰執政大臣好同己而惡

異已而已蓋深願當時君臣見此生悔悟心幡然改轍便是吾言有濟若過於攻擊恐反以激怒拗折之人愈益飾非文過不幸言中而天下之被害更不可勝言矣大臣居心與好名伐異者何啻天淵

淨德集

宋呂元鈞陶淨德集其奏狀詳明愷切有關國計民生尤極攻王氏青苗新法其對策時已如此初應制科適安石讀卷至願陛下不惑理財之說不閉老成之謀不興疆場之事神色頓沮不能終卷神宗使馮京竟讀之稱其有理而卒爲安石所抑僅得一判紹聖末坐黨籍貶時方以集賢院學士知陳州也徽宗初復修撰知梓州致仕蓋其生平大節如此故文章亦磊落無囁嚅態也

荀卿論極力詆斥開南宋儒者之先聲余謂不然其妄荀卿之言者數條一曰堯舜跖其性一此性惡之説爲荀卿生平宗旨而與孟子之言性善各有所見皆是也而皆偏也必求其中則孔子相近相習之言萬世不可越亦萬世不能加一辭矣一曰禮義生於聖人之僞前人解僞猶爲也其言似與老莊相近而實不同蓋荀子以爲性惡也而可以爲之至善猶曲木也可以爲之使直亦教人爲善之一説也其一曰有治人無治法此言實聖人之言開前古所未有即如井田封建聖人之法也而春秋戰國法之而亂漢唐以來廢之而治又如周官相傳爲周公致太平之書而王莽王安石法之亂天下即正人如方孝孺亦敗國是豈非有治人無治法之明證乎故荀子又曰欲觀先王之迹則於後王此眞通達治體之言而淨德極非之以爲越於名

教之外又謂其不足適當時天下之用而足以啟天下後世之害又謂其立說好異誇辯太過而不知其歸皆不善讀荀卿書之言也

性可以爲德論引孔子子思孟軻荀卿楊雄韓愈之言孔子以爲性相近習相遠也子思以爲天命者性率性者道性自誠而明教自明而誠也孟軻以爲性之無不善如水之無不下人性善也荀卿以爲待禮義然後治待師法然後正人性惡也其善僞也楊雄以爲修其善則爲善人修其惡則爲惡人性混善惡也韓愈以爲上者就學而愈明下者畏威而寡罪中人介上下之閒也於是淨德以爲性一而已而說如此其衆學者將安適從舍孔子子思孟子之論亦莫之從矣又曰方其稟之於沖和根之於至靜寂然而未動也則賢之性亦近於聖之性愚之性亦

近於賢之性及夫天理一動七情相交則遂以歧分而派別矣或不勉而中不思而得或勉而後中思而後得或不勉不思而無中無得故謂之遠也又舉孟子惻隱羞惡辭讓是非之言以爲仁義禮智皆我固有以歸本於孟子性善之說愚謂此諸子者論性之言皆與孔子合惟孟子當戰國縱橫之時惡時人之日趨下流因矯其說以爲人性本善奈何甘此下流是救世一片苦心熱腸非論性本旨也荀子生孟子之後則以爲說與孔異於是亦故矯其說以難孟子以爲人性本惡但爲之無不可造於善者奈何甘爲本性所束縛而不勉力爲君子耶是亦救世一片苦心熱腸亦非論性本旨也後人推尊孟子不知孟子所以立言之旨於是見荀子語反遂極力詆斥之不獨呂元鈞一人之言而已夫元鈞但取思孟合孔子而非餘人然子思之

所謂道也教也是孔子之所謂習也合之是也至孟子曰盡善則尙何相近之有相近云者相似也若如水之無不下何相近之有且既盡善矣則亦焉有上智與下愚哉子思言道言教荀子言待禮義待師法楊雄言修韓愈言學正與孔子之言習者一貫也其說雖紛而皆一何難適從之有哉且元鈞所云沖和至靜者是道家虛無治心之法與子思所云喜怒哀樂未發謂之中者似是而實非孩兒初生只是無知非沖靜也如云孝弟是本性孩提之童莫不知愛親敬長此言亦未敢信孩提之愛親是爲父母一番嫗煦日日愛憐之景象致之假令生而使他人哺糜之保抱之孩子之愛便在此人一旦見所生父母其能移愛以愛之乎至於長大以後其至性過人者知返本宗尋父母其至性不能過人者貪戀家私謂他人父以終其身是孔子

所謂上智下愚之別也而當二三歲時便是至性過人之孩子亦未必能見所生而愛敬之也禽獸不知父母之物也而其初生時號嗁愛戀其母光景與孩子正無區別正不能謂其性善謂其知愛親也凡不待教而能者謂之性孟子曰食色性也此性乃人禽同具之性未有待教者也故曰性相近也凡待教而能者謂之習忠孝節義皆從學習聞見而來故曰習相遠也稚子村婦並無學習見聞而能之謂之上智雖日撻而教之不忠不孝不節不義不爲也亂臣賊子謂之下愚雖日撻而教之以忠孝節義不爲也故曰惟上智與下愚不移論性至孔子已是一辭莫贊後世千變萬化議論百端總不能出其範圍稍或遷變便覺偏矣孟子之言性善以救世也觀孟子幼時孟母至於三遷正慮習之不善耳孟子七篇中如齊語楚語之論一暴十

寒之喻皆是習相遠也之意且人皆可爲堯舜是孟子一生引人爲善要領自說諸侯王至教門弟子無不言之其大旨亦何異於荀子禮義後治師法後正之語哉世儒不融貫全書而即其論性諸語極力推奉之遂與荀卿南轅北轍矣且使荀楊韓之言出於孟子孟子之言出自三子吾恐儒者又當非此而是彼也

教論曰忠信廉孝者天下之人皆目之曰善行而欲行之也或告之曰如比干乃謂之忠如尾生乃謂之信如伯夷乃謂之廉如虞舜乃謂之孝則其心莫不畏其不可及而自惰焉儻告之曰不欺於人足以爲忠不食其言足以爲信不苟於得足以爲廉不悖其親足以爲孝則孰不欣然而願行之行之而不已安知其不盡夫忠信廉孝之道乎此言最得以淺近教人之法又謂

孔子之門人弟子皆賢明才智然其問答之語多切身近情而無高遠難知勤苦難行之事又曰孟子之教曰徐行後長者謂之弟堯舜之道孝弟而已矣又曰雞鳴而起孳孳爲善者舜之徒也夫徐行後長者雞鳴而爲善皆衆人之所不憚而其歸乃至於堯舜凡爲此說者所謂引之以至易要之以至難也云云亦極得孔孟循循善誘教人以善之意

學論二篇蓋爲王安石而作也首篇論治天下有大分末乃明揭之曰天下之學安可齊之以法而必使從爾所好哉下篇則力攻字說之妄暢然言之謂其獨伸一已之私見力毀萬世之公議破碎大道壞敗風化

劉樞密名庠字希道元祐元年卒墓志曰考某博學知道爲世大儒仕終青州觀察推官門人考其德義謚明道先生按此私謚在程子之前

惜不載其名字

答任師中詩云頃聞湖州禍文字倦且廢朝廷極仁恕風俗當訓厲終令服寬典不忘投四裔我儕今唱酬正可頌治世況當導情性無自取罪戾自注云時蘇子瞻以詩得罪貶黃州責詞云黜置方州以勵風俗往服寬典勿忘時新故及之

淨德不以詩名而其詩不失唐人矩矱寄句輔元云普州公事少太守讀書多見得是非盡無如今古何老懷驚歲月冷夢到雲蘿郡下有佳士幾人陪詠歌前四句妙在不腐其五言如地形從此坦山勢爲誰收成都道中野平秋嶂列天闊暮雲還涵秀樓耽勝爲高會通歡有淡交郡郊賞花宦心甘似水親髮已如星送李公擇車馬動行色江山勞別魂送楊日卿九秋消息近千里夢魂淸聞蛩晚歲饒歸興靑春亦皓歌送杜常七言如斜日漸因山隔閔斷雲應與月

逢迎西溪晚過臘寒庭院春將近晚吹簾櫳月又新題清素軒忙中對酒
成閒客老去逢春憶少年和晦甫仕路更勞何足戀家山可愛不
如歸寄周郎中閒中日永宜禪性望處雲平見物容雲頂寺又送唐誠
老祕丞云越溪千里碧滔滔匹馬西遊豈憚勞文牘甚稀如吏
隱江山有助作詩豪和風盡日生眉宇白髮何年上鬢毛好向
堯庭露華彩韶音方奏德輝高
霜侵客鬢須歸去塵拂朝冠是儻來來去對甚工雅
和郄仲輔開化寺三首疊韻鐘字韻皆佳已恨夕陽催返轡又過
危磴聽殘鐘千尋急欲攀秋徑十里猶聞擊午鐘喬林乍響因
秋籟棲鳥頻驚爲晚鐘
落筆盡降詩裏將放懷常對酒中賢和子瞻寄希聲高論向人須藥石壯
心於俗不寒溫送道粹落日望君三舍遠西風惠我一襟清送李大夫

清露有恩殊未報寒風無賴不能衰晚菊寂無塵慮到禪室曾有秋聲來野松開化寺收得寸心清似水放教雙鬢白於銀遺興聖心欲以古爲鑑史法有如王次春資治通鑑皆佳誠宋人佳句也

浮溪集

坡老少作謝賜帶馬表云匪伊垂之而帶有餘非敢後也而馬不進用古甚工汪彥章賜名馬綵衣賦云顧非緇衣之宜敝予又改以從大夫之後不可徒行亦佳又新城賦云我陵我阿不以山谿之險有民有社且在邦域之中原作在吾擬易且在亦工整不以山谿之險全用孟子對語自應全用論語似不必添出吾字況在吾與不以作對稍欠工整故爲擬易之又其衣馬賦聯中四言若易爲予又改作吾不徒行亦覺較勝

朱子大全集

朱子狀張魏公俊云方車駕在平江時公歸自江上奏劉光世握兵數萬無復紀律沈酣酒色不恤國事語以恢復意氣怫然宜賜罷斥用警將帥上然之罷光世而以其兵盡屬督府云云其下敍酈瓊之叛亦婉轉其辭爲魏公出脫至爲傅安道行狀則云識慮高遠機警絕人少時聞朝廷奪劉光世軍更遣儒臣代將歎曰是必且敗其事矣亟移書所知刑部侍郎曾公開請如唐罷馬燧郭子儀等故事擇其偏裨授以兵柄曾公然之將以白宰相而酈瓊等叛書已聞矣然則亦終不肯爲魏公諱也

宋孝宗時有以四明銀礦獻者上命守臣詢究且將召冶工即禁中鍛之陳俊卿奏曰陛下留神庶務克勤小物至於如此天下幸甚然不務帝王之大而屑屑乎有司之細臣恐有識者有以窺陛下也況彼懼其言之不副則其鑿山愈深役民愈衆而百

姓將有受其害者又不可以不慮乎夫天地之產其出無窮若愛惜撙節常如今日則數年之後自當沛然但願民安歲稔國家所少者豈財之謂哉請直以其事付之明州使收其贏餘以佐國用則亦不至於甚擾民矣時以爲名臣之言朱子采之正獻狀中愚按陳正獻公但謂帝王不當親此細務耳猶未嘗謂不當開鑿也凡金銀銅鐵開礦等事並是厲民之政往往國家不曾收一毫實用而民閒騷動已遍發掘冢墓報復恩怨糜財久役損傷地脈督視之官僚吏胥皆飽其欲以去而朝廷則但有損而無益也其後四明復以鐵礦發見豪民謀利獻之泉司校官方萬里以山隸學宮力請罷免其申詳劄子剴切詳明見寶慶四明志卷十二較之正獻奏劄尤爲洞悉流弊

正獻公以觀文殿大學士知福州明年定海水賊倪郎侵軼閩廣

海道騷然召統領官鄭慶授以方略晝夜窮追遂悉擒捕海道以清見正獻行狀中

燕石集

近買元人宋文淸褧燕石集後附錄蘇伯修天爵所爲墓志有云猶子瓚序次行事來請銘以藏本滋溪文稾校之瓚作纘二本皆抄本必當有一是者乃閱宋集中七絕自注云時兒子彍將補外然則字實從弓其從糸從王者皆非也校書不易如此

雲林集

危素在史官分修忠義傳自謂網羅放失夙夜兢兢蓋口能言之而身不能行之者其作昭先小錄序曰天地有大經亙萬世而不泯者忠義是也夫惟敗亡之國其人乃見而有道之朝務存至公不責其抗而錄其節至於倒戈迎降開門輸款者雖賞之

爵之而未嘗不疑其心薄其行嗚呼明明知之如此而至於臨時而遂忘之朕以爲文天祥耳眞疑其心而薄其行哉

今世俗市井記日用出入帳目謂之流水簿不知始於何時危太樸餘姚州覈田記云畫田之形計其多寡以定其賦謂之流水不越之簿然則其來固久而其義則又與今所謂流水簿者不相若也

雲林圖記末云至正十年十有二月辛卯寓居城南頭陀寺雪下盈尺道無行人夜展圖玩之忽憶去家十有四年左親戚棄墳墓竟何爲哉在令式中歲之後亦許致仕明年四十有九距納祿之年固非遠矣幸而淸朝從其早退歸與樵夫野叟嬉遊山閒上下雲月歌諸公之詩亦足以自樂也余謂此時之言竟若以致仕爲大願而得請爲甚難者乃至元命既革蒙羞忍恥自

忍恥自稱老臣獨何心哉

清白居士集

瞥記引許周生宗彥云古經文不作重文有宜重者但就一字重讀之或云凡重文於本文下作：亦不盡然詩羔羊委蛇釋文引鄭云讀此句者當云委蛇委蛇沈讀作委委蛇蛇蓋本文止書委蛇二字故沈鄭異讀也云云愚按此妄語也若經文止委蛇二字後人何由知是重文蓋本文委下有：字蛇下有：字如晉人尺牘死罪死罪止於死下加二點罪下加二點故沈讀委委蛇蛇鄭讀委蛇委蛇也若并無二點後人焉知之乎卽就詩首篇言之若如周生所云則首句但當有關雎鳩三字後人焉知其本是四字句卽四字句則關雎雎鳩乎抑關雎鳩鳩乎又焉從知其是關字重文而讀爲關關雎鳩乎又此一字重也

若二字重則此篇亦有之如云悠哉悠哉若如周生言則本文但有悠哉二字焉知非連下四字而以六字爲句乎故知其妄說也又按羔羊篇沈鄭異讀而他篇更無疑義則他篇蓋正作重文惟羔羊篇是上下各加二點故諸儒得有異讀耳又焉知非他本皆是正作重文而惟沈鄭所見本只是二點乎然則知一味二因噎廢食許氏之妄斷可識也　三代文字不可得見鐘鼎欵識彼此異說莫能定一其存於今者惟周宣王鼓及秦刻石文爲最古文中重字多加二點即鐘鼎中亦往往如此周生謂其不作重文又謂但就一字重讀之然則周秦書之有重文者皆非本經如此乃後人自以意重讀之耶妄語可笑

又云考工記輈注則利準利準則久和則安鄭注水去利也元謂利水重讀似非賈釋云依後鄭讀當云輈注則利也準則久也

和則安也利準不重讀據此觀之則前鄭亦衹重讀而於經文
並未增加且後鄭可以不重讀則經文重字幷不作：爲識矣
云云按今利準二字重文康成云云者疑下利準二字衍文耳
非謂經中本無此二字也梁又誤解

書呂黎徐偃王廟碑後謂偃王之罪上通於天此與李鍇尙史入
偃王於周亂臣傳同一陋識夫春秋時有左傳一書本事俱在
而周秦兩漢諸子紀述列國事蹟紛紛乖舛何況偃王在春秋
以前何怪漢人之妄說乎既欲論定其人當博訪詳審何得據
後漢書博物志便欲武斷其曲直乎且李鍇據繹史而爲尙史
其淺陋無論矣梁氏有人表考頗究心諸子何乃妄言至此夫
偃王以仁義亡國自荀況韓非尸佼以至東方朔劉向劉安王
充高誘王逸徐幹劉晝之倫無不云然者世有以反叛作亂之

人而目之爲仁義者卽此一端便須略考夫伐宗周者徐戎也穆王命偃王爲方伯以主徐戎而後徐戎臣伏然則以平亂之人而謂之作亂可乎滅徐國者楚人也楚旣滅徐而穆王大興師爲徐復仇以伐楚然則以叛王之楚而反謂之助王可乎竹書紀年韓非子說苑論衡楚辭注諸書皆可考也其詳見吾徐偃王志中

蜕槀有反蘇子范增論識力皆不稱俞長城可儀堂文槀中亦有范增論駁坡老則眞勁敵矣

杭俗謂除夕鼠嫁女竊履爲轎蜕槀中有嫁鼠詞中有警語云合好定知時在子以履爲車鼠子迓鼠婦新來拜鼠姑鼠姑卻立拱而謝運用自然

梁玉繩有四子長曰學昌次曰耆三曰衆四曰田各述其庭訓一

卷顏曰庭立紀聞余謂大約玉繩自著而分屬於其子者夫庭立者本之論語者也論語中立於庭者孔子也父也趨而過者伯魚也子也旣是子記父語宜曰趨庭記聞過庭記聞何得云庭立乎若云庭立記聞則是其父作矣將所紀者何聞乎且此時玉繩之父山舟侍講尙健在家無二尊庭立之位當屬山舟不當屬玉繩也此意顯而易曉何著書立說之父子而昧昧耶

鮚埼亭集

前從鄭杏卿元祁家買鮚埼亭內外集抄本附有孔門弟子表一卷旋被焚如若刻本內外集中無此表也今復有攜董小純秉純校錄鮚埼亭集文外一本求售者前爲讀易別錄後即弟子表別錄已刻於知不足齋叢書取家藏本校注同異因復命書人錄存此表惟原抄多脫誤當以各原書一一對勘校正之耳

江都程午橋編修夢星今有堂詩集中有春日懷人六絕句其第五懷吾鄉全吉士者詩曰浮家泛宅甚飄蓬夢隔句餘東復東誰識鮚埼亭下客孤山吟社小泉翁按以游吟二事懷謝山亦不識謝山之甚矣

小倉山房集

袁子才好作碑版文前人已非之其集中序次首賦次碑銘是碑文固自以爲擅場者然余視之殊多嫩弱句即如第一篇高安朱文端公神道碑首云乾隆元年秋九月十四日今天子命車駕親臨大學士第視疾又四日公薨云云按位至宰輔天子視疾自爲常典而非異數固不必大書於篇首也而天子上加今字則尤爲不知文法子才以乾隆閒人記乾隆朝近事上既書乾隆元年則天子自是純皇帝何必加一今字假令嘉慶元年

稱天子則當加今字以是時高廟內禪太上皇帝方在也

本朝盛行之書余最惡李笠翁之一家言袁子才之隨園詩話一家言尚有嗤鄙之者隨園詩話則士大夫多好之其中傷風敗俗之語易長浮蕩輕薄之心爲父兄者可令子弟見之耶嘗記其中載乃弟風懷詩而譽之曰阿兄亦此中人而不能道此等語云云猥褻惡俗居然形之楮墨閒眞不知人閒有羞恥事者即以詩論其大旨以言情爲主而情其所情非詩人之所謂情也纖巧挑達尖冷刻薄與詩教中溫柔敦厚字字相反豈可謂之知詩者耶一日余於友人扇頭見一律有印食三面刻墨慣兩頭磨余曰此必隨園詩也問之果然

才子聰悟亦有過人處若取小倉山房集中遴其無悖詩教者存爲一集餘盡删削之付之一炬亦快事也

大楳山館集

鎭海姚復莊舉人爕吾友也工駢體文已刻稿行世矣復莊才大博極羣書然語語求新字字避熟往往爲才所累又刻稿中好寫奇字詞本僻奧加以不經見之字毋乃艱深文淺易乎

吾友朱明經漪生師洛工於制藝嘗語余曰明文中吾最惡艾千子之文前輩以爲大家名家吾讀之竟至不能句讀若以難讀難解即爲高古即可爲大家名家則時文原是闡發四子書義理而四子書何爲絕無難讀難解者耶世不以古聖賢易讀易解之四子書爲法而極力推尊難讀難解之時文一何可笑余嘗以語姚梅伯梅伯笑而不答梅伯作四六文字頗有千子制藝之風故諷之

前復莊刻詩集時余爲之作小傳有曰駢體文第一詩次之塡詞

又次之餘所旁溢皆可觀傳人也是時余偶見其四六文不過一二篇覺是驚才絕豔之作故當時云云今見其全稿覺有千首一律之慨其詞其句其字總以僻澀爲工讀第一篇如是第二篇復如是至於篇篇無不如是按其命意皆是尋常思路所必有毋乃艱深文淺易乎余不甚喜作四六偶作之必欲通暢明白使人人能解而復莊適與大相反然則余之非復莊者乃一己之私意而豈天下之公言乎

復莊詩問繇然大集其中樂府擬古及五七言古直入漢魏之室眞心悅而誠服者也世尙有識之者門外語耳五律亦有唐音惟七律則多脂粉氣余甚不喜之余嘗語復莊何不盡删七律別爲一集乎　復莊詩萬餘首前年自選存四千餘首刻之余謂淘汰尙未淨盡若能删削之至一千首則無篇非珠玉矣然

而割愛之難古今同病也

文選

曹子建箜篌引五臣本作生存華屋處零落歸山邱錦繡萬花谷引王曇過西州門詠子建詩作生存處華屋零落歸邱山似較勝

淵明挽詩云向來相送人各已歸其家親戚或餘悲他人亦已歌言幽室既閉後向來送葬者並皆自返其家其中爲我之親戚者（親戚指骨肉蓋用古義）或歸後尚有餘悲若其他諸人則忘哀而歌矣歌字用論語子於是日哭則不歌之歌意義明白乃集評注云古人以死爲大歸言送我之人亦皆大歸而爲親戚所悲他人所歌也云云紕繆無理不值一笑

張平子四愁詩以青玉案配雙玉盤則案自當通椀而集評注曰

青玉案君所憑倚喻賢才爲君所恃村學究咬文嚼字如何可解古詩文選集評載浦二田曰英瓊瑤告以精誠堅結雙玉盤勖以虛受兼容明月珠期以照察無遺青玉案喻以倚任可憑若盡似此詮釋眞所謂不得其意强而從我者杜少陵詩常遭此刼

漢魏六朝一百三家集

張天如溥百三名家集千古傑作也惜搜羅未備時多掛漏又不能鑒別眞僞如馬季長集收僞造忠經忠經爲宋海鵬作明見玉海後人妄題季長名而且僞康成名以注之天如不察遽爲收入且果季長作亦當自爲一書豈宜收以入集諸家中如摯太常集之文章流別蕭竟陵集之淨住子庾度支集之書品皆不宜收入者也

馬季長摴蒱賦末云勝者歡悅負者沈悴二語自是恆情後人好爲高論乃矯之云勝固欣然敗亦可喜夫欣然於既勝者必不能復喜於既敗苟但以爲閒中消遣則將忘情勝負亦無所謂欣然矣此亦恆情好爲異論者未之察耳

魏武祭喬公文述生平車過腹痛之約而以爲戲謔之言讀之哀情滿紙非唐宋諸賢所能仿佛者特阿瞞事事狡獪焉知當日不負約腹痛始爲雞酒之奠以不欲神其說而故爲是戲謔之言耶

隱侯上宋書表起云大禹刊木事炳虞書西伯戡黎功煥商典隸事雅切得漢人之遺其下聯云若不觀風唐世無以見帝嬀之美自非覩亂秦餘何用知漢高之業意亦與首聯同而詞迴不逮　三十常用而立兄弟每云友于此雖恆見習用而吾輒謂

之不通沈約遺表末云雖嘶也善庶等鳴哀用論語可發一笑
既云也善何不復云也哀乎
全唐文
劉夢得祭韓吏部文傾倒至矣中有云三十餘年聲名塞天公鼎
侯碑志隧表阡一字之價輦金如山想見當時貴重如此固宜
劉叉豔其諛墓金而奪之也
夢得祭柳員外文語極悲愴尤急急於其身後事如云伸紙窮竟
得君遺書絕絃之音悽愴徹骨初託遺嗣知其不孤末言歸輤
從祔先域凡此數事職在吾徒永言素交索居多遠鄂渚差近
表臣分深想其聞訃必勇於義已命所使持書徑行友道尚終
當必加厚退之承命改牧宜陽亦馳一函候於便道勒石垂後
屬於伊人安平宣英會有還使悉已如禮形於具書末復云誓

使周六同於己子其重祭文作於子厚卒之八月喪來臨哭之時有云俾君內弟得以義勝平昔所念今則無違旅魂克歸崔生實主幼稚甬上故人撫之敦詩退之各展其分安平來賵禮成而歸其他赴告咸復於素一以誠告君儻聞乎以此二文合之昌黎所撰墓志足見當時友誼之重非後世涼薄所可幾萬一者抑人心感應施報循環觀諸人待子厚如此亦必子厚生平無愧友誼所致但卽待夢得一事亦可以概其餘矣此時遺腹子蓋尚未生故但云周六當合韓劉文日月攷之劉文所謂敦詩者司空崔羣也亦有祭柳員外文中云羣宿受交分行敦情契遺文在篋贈言猶佩撫孤追往泫然流涕雖其情深遠不逮劉作然亦不負死友者

太子賓客于邵字相門有初夏陸萬年廳送奉化陸長官之任序其文尚沿初唐不能暢達究其文義蓋陸長官爲萬年之弟十

年前長官嘗攝奉化令至是爲眞其兄集友朋燕而餞之而相門則長官舊友也因作送行詩序此頗可補四明志職官惜軼長官名耳文云公有入室之淸行有專門之奥學加之理要飾以藝文三十年中猶宰一邑又云先是公由外署嘗攝行此職未拜眞而復罷人到於今思之豈彼人之幸猶多而資公之政爲理不然奚十年之外復與此合耶況今年吏曹尤難其選天子申明乎詔令宰輔論定乎官材天官卿孜孜於取捨膺此舉也授受者安易爲力哉蓋前此權攝出於外署此次拜眞始由部選而云人到於今思之則前此攝縣時嘗有政蹟矣而惜其毫不敍及也

宋文鑑

宋文鑑律賦卷中載歐陽文忠應天以實不以文賦痛陳時政直

是一篇有韻奏議讀之深訝其不合試賦體裁及閱文忠年譜則是時試士而公作此擬賦進御者也古大臣忠君愛國隨在不忘規諫固是律賦中有數文字特文鑑義取使人則傚此豈可爲士子法乎東萊當收此篇於古賦卷不當在律賦卷也且文忠此賦隨意行文意不在句語上見工拙本不得稱之爲律也

坡老濁醪有妙理賦云濁者以飲吾僕清者以飲吾友偶爾分別貴賤本無深義近人有著賦苑巵言者解之曰僕謂我也或以爲奴僕之僕誤矣則吾未知僕上加吾字吾我應作何解此等語不足噴飯乎

豐清敏公稷荷花詩人心正畏暑水面獨搖風非特氣象高遠即詞句亦雅切也又按北史柳昂傳楊素見昂子調因獨言曰柳

條通體弱獨搖不須風知公詩字字有來歷也　讀周濂溪愛蓮說不如讀豐淸敏荷花詩詩云桃杏二三月此花泥滓中人心正畏暑水面獨搖風繪物寓意並無假借史稱蔡京見此詩縮舌厚齋先生謂詩言志此淸敏之志也諒哉

歐陽文忠之論狄武襄論包孝肅頗有深文若溫公言之必不爾也溫公論事極激直恰極和平在北宋大臣中別自有一番氣象

子由上皇帝書滔滔七千言未嘗不暢而時苦曲而不達較之坡書未易相頡頏也　子由言三宂害財其論宂費尤切時務宂費中養宗室省漕運二條尤爲切當不獨切於當時尤切於後世者也吾嘗謂國家宂費莫甚於漕運置官設吏立衛募丁挑河建壩造船創厰每歲費用不貲而天下且以多事竊嘗妄謂

京師獨運米然而人生日用所需之不出自官運者未嘗不足也米獨運於京師然而北地他省之不宜稻黍者未聞饑餓也郊廟粢盛自有親耕之田天子玉食自有惟正之供至於吏俸民食苟罷官運則轉輸之商賈未有不輻湊於輦轂之下者且以民閒日用可有可無之物言之有如紹興之酒其爲物如流水其盛之之器必瓦缶此其致遠之難百倍於米者也然而官不之運又未嘗招之使來而京師之大人民之衆億萬人無日不轟飲極醉而絕不聞有無酒之日此以知漕運苟罷必不至斷食也明矣

劉摯疏云嘗以爲欲言政府之事者其譬如治湍暴之水可以循理而漸道之不可以隄防激闘而發其怒不惟難攻亦爲患滋大按此說極合言官作用與吾所謂溫公論新法之意相若也

乃旋以有旨令分析所謂助役事遂極言王安石曾布自謂因
大臣爲分析之法摧言者之氣所以發臣之狂而不能默也然
則始固心知其不可繼因含怒而遂不覺恣意言之矣然則學
養如溫公者其未易幾矣

歐陽文忠謝知制誥表云俯而受命伏讀訓辭則有必能復古之
言然後益知所責之重四六文字簡淨如此看似容易到恰難
也此法始自唐陸宣公惟大家能之

孫何文箴有云游夏之徒得麤喪精空傳其道無所發明噫大聖
人以文學品題二子而宋人大言敢輕視之如此吾不知其所
謂發明者果何道耶觀其於兩漢獨稱美楊雄則識見可知矣

唐子西庚家藏古硯銘序云筆之壽以日計墨之壽以月計硯之
壽以世計其故何也其爲體也筆最銳墨次之硯鈍者也豈非

鈍者壽而鋭者夭乎其爲用也筆最動墨次之硯靜者也豈非靜者壽而動者夭乎吾於是得養生焉雖是文家巧於立說其實至理亦不外此

宋儒論古人多好爲迂刻之言如蘇轍之論光武昭烈曾鞏之論漢文秦觀之論石慶張耒之論邴吉多非平情孔子曰爾責於人終無已時大抵皆坐此病

甬上三補耆舊詩

吾鄉陳𥗚字元孝宋神宗朝官廉訪使有登太白樓詩云酒徒一去且千秋遺像依稀記昔遊眞恨古人不見我卻從今日又登樓涼風過水寒蟬寂衰草横天野馬浮極目中原萬餘里挺然獨立倍添愁李杲堂先生錄甬上耆舊無此詩王克軒補集載之不知從何處得來雖只一首足以傳矣　吾前言三補耆舊

詩中載宋人陳廉訪登太白樓詩之佳後閱周即墨斯盛證山堂集則全首是卽墨詩惟落句挺然獨立倍添愁挺是茳字倍是迴字爲小異耳卽墨在國初爲吾鄉名家此等詩固優爲之且其集爲六十餘歲時手定付刻者斷無誤刻古人詩之理則甚矣王克軒之妄也謝山續耆舊集斥克軒爲妄男子如以荆公桃源行爲王桃源詩今又得此顯贓則其書急當覆瓿矣近時鄭三雲辰袁陶軒鈞搜羅四明宋元詩皆采其書列廉訪此作向余編宋元四明詩徵亦收入之今始知不足徵信如此將來重事校補凡本克軒書而別無他見者盡删去之

淮海英靈集

阮文達公元編淮海英靈集分甲乙丙丁戊五集戊集之末附以家集爲北湖阮氏詩此古人有成例者云烏程陳焯塡諱已非

古法後復有歙江氏詩云甘泉林尉曾塡諱復有西山林氏詩云江都耿弓塡諱余初閱其目疑有江林二姓者同操選事故沿阮氏家集例耳及讀其詩傳則江氏乃文達祖母家林乃母家此例非特古所罕見即今日亦瓻聞也父黨雖甚蔓延總可括以家集至母黨則或兩或三已難限制況更由大父推之始出祖凡其配氏之族何一非先世之外家乎推而廣之豈有窮盡耶然則當如何曰非淮不當別題塡諱之人且不當附於卷末宜依其人年世散見集中而傳首則云外曾王父諱某外王父諱某而已夫附於卷末者以己操選政不敢遽以先人厠古作者之林某人塡諱者非特諱於私家并諱於臨文已不敢書而使人代書之至於外氏則謙之不必等於本宗尊之不能敵於父祖文達此舉兩失之矣

杜甲字補堂號晚晴江都人□□十二年由通判知州來知寧波府十五年調任杭州淮海英靈集中選詩四首其送別宮端張南華先生云料峭春寒近禁烟珮聲初出五雲天鉅公競作流觴會御翰新頒送別篇一路青山迎畫舫兩行紅燭寫銀箋懸知歸輿乘春去贏得人稱是散仙又江都王玉藻嘗知慈谿縣

英靈集選其讀史一首

吾鄉陳楞山撰自號玉几山人寓居杭州嘗與謝山同以鴻博被徵辭不赴詩名甚盛余得其繡鋏集頗見落落高致嘗客居揚州里中名輩多與往還近余見淮海英靈集中時有懷贈楞山之作江都陸南圻司馬鍾輝月夜泛棹眞州訪陳玉几云共賦懷人什詩來江上尋斷鴻前夜夢孤月此時心鷺影亂秋水魚風吹晚林相思清不寐涼抱玉壺深歙人黃北垞裕己卯夏館

江鶴亭苑卿街別業昔爲余門人程志泰舊居老友陳玉几亦嘗寓此今老友歿已一載而余門人卒且十四年矣時方編舊雨集及玉几詩因感而賦云友人沒後黃壚在弟子亡來絳帳空老我不堪今昔淚一齊彈與碧梧桐儀徵張南垞明經秉彝新秋陳玉几王孟亭諸君小集城南水亭雨中分賦中二聯云秋光著水涼生袂小雨催詩響到亭打槳客來花港暮撈蝦網歇柳根腥江都員周南秀才燉再客杭州詩有云幾多舊雨歸黃壤剩有晨星總白頭自注上句云謂玉几襟三太鴻諸君以一布衣偶然作客維揚而交好篇什時見諸選集中則當日之聲名藉藉可知矣

文錄

文錄原題宋唐庚撰據强行父序實行父錄庚所論詩文語也四

庫附存目作唐子西文錄且云前有紹興戊午行父自序稱宣和元年罷官京師眉山唐先生同寓於城東景德僧舍考庚貶惠州大觀五年赦歸道卒大觀五年即政和元年辛卯下距宣和元年己亥庚歿九年矣安得同寓京師又克莊後村詩話曰子西諸文皆高不獨詩也使及東坡之門當不在秦晁之下是庚生平未見蘇軾而此書言及軾者凡八條一條稱余雅善東坡一條稱東坡赴定武過京師館於城外一園子中余時年十八謁之則與軾甚稔克莊不應如是之舛殆好事者依託爲之云云余謂此說甚辨其以庚卒年駁序中宣和同寓若庚果卒於政和初則强序之僞無疑至摘文錄稱東坡云云謂與後村語不符則又可怪焉後村云不及東坡之門非謂不及見東坡之人子西固不隸坡門而遂不許其十八歲之嘗一晉謁此何

說耶景仰前輩望見顏色不得師事其人古今恆有之事而以未及其門遽斷爲生平未見可耶若以雅善東坡語駁之則尤怪按文錄此條之前方稱東坡詩敘事言簡意盡此條因云謝固作六一堂求余賦詩余雅善東坡以約辭記事冥搜既久僅得句云云然深有愧於東坡矣是雅善東坡者雅善東坡之詩非雅善東坡之人余雅善以下十字爲一句稍知文義者一見便曉今以余雅善東坡五字爲句不知下文將作何解大抵著書至於巨帙必多謬誤況官書出自衆手尤不能無所牴牾故四庫總目附存目合二百卷精博者固不勝計舛錯者亦時有之至如此條及至游子條則雖謂之麤心可也

聲調譜

趙執信作聲調譜翟翬以爲趙書而作聲調譜拾遺故即隨趙書

之後趙書已屬多事此作更可有可無古詩固有聲調然佳詩自爾合拍苟非佳作即依樣塡砌可稱詩乎漁洋講究聲調趙氏求其祕不得而恨之而遂攻之不知漁洋非靳之也實知此說類村夫子所爲貽笑方家故羞與之耳吾知漁洋者也趙氏寃之矣

煙嶼樓讀書志卷第十六

鄞遂學齋徐氏
校印書籍之記